그대와 나,
참 좋은 인연입니다.

일러두기

* 이 책은 〈서울경제신문〉 '마음코칭' 코너, 〈교차로〉 등에 연재된 글을 중심으로 저자가 이전에 썼던 글들을 수정·보완해 엮은 것입니다.

* 본문 1부 중 〈인생의 소중한 가치란 무엇인가〉에 인용된 서적은 《천국에서 만난 다섯 사람》(미치 앨봄 지음, 공경희 옮김, 살림, 2010)입니다.

그대와 나,
참 좋은
인연입니다.

— 정운 지음 —

담앤북스

머리말

출세간의 길이 곧 세간의 길이요,
세간의 삶이 곧 출세간의 삶이다.
내가 머물고 있는 터전은 승가이지만,
일상 보통사람의 삶과 다르지 아니하다.

승려 신분으로 글쟁이 노릇을 해온 지 10여 년이 훌쩍 넘었다. 오랫동안 글을 써오면서 다양한 분야의 글을 썼다. 학문적인 논문, 기행문, 인물평전, 명상집, 경전편역, 법문, 에세이 등 여러 분야다. 불교계 신문과 잡지 등에 원고도 쓰지만 일반신문이나 주간지 등 여러 분야에 글을 실었다. 대부분 자의적인 글이 아닌 청탁으로 쓴 원고였고, 어떤 원고든 거절하지 않았다. 원고를 쓰는 시간만큼은 삶과 수행에 대한 충족감이 깊어졌고, 글이라는 매개체를 통해 공부할 기회가 주어지기 때문이다. 무엇보다 글로써 부처님 법을 전하는 포교사로서의 자부심이다.

이 책의 원고는 불교계 신문이나 잡지가 아닌 일반 대중 매체인 신문과 잡지에 실렸던 글들이다. 〈서울경제신문〉에는 2년 반가량을 매달 연재했고, 일반 서민층을 상대로 하는 〈교차로〉에는 수년째 연재하며, 치과의사들의 전용신문인 〈치의신보〉에도 12회, 대학원신문 등, 여러 곳에 실린 원고들을 엄선해 모았다.

이 책의 주제들을 보면, 인간의 삶이 주축이다. 사람·행복·희망·인연·자존감·사랑·공감·소통·긍정마인드·감사·용서·용기·기쁨·꿈 등, 따스한 단어들만 나열코자 했다. 대학에서 강의한 지도 15년이다. 그러다 보니 자연스럽게 젊은 학생들에게 전달했던 말이나 주제가 책 속에 많이 담겼고, 전공을 통해 스님들과 교감했던 내용들이며, 여러 사찰에서 강의를 하면서 만났던 이들과의 공감이 담겼다. 개인적으로 승려로서의 엄격한 잣대를 요구하는 데서 오는 글의 정제성이 자애로운 면보다는 불합리와 부조리를 비판하는 측면도 없지 않다.

수년 전만 해도 '원고'라는 중압감으로 늘 긴장의 연속이었다. 이젠 애벌레가 나비가 된 듯 원고라는 스트레스의 허물을 벗었다. 그러면서 언제부터인가 인연들이 소중하게 다가왔다. 이 책을 다듬고 손질하면서 인연들을 염원에 담았다.

내가 출가하던 해에 태어났던 장조카가 결혼하는데, 행복하기를 바라며, 전생의 무슨 업연인지 승가에서 인연 된 제자가 더 이상 상처받지 않고 긍정마인드와 자존감으로 살아가기를 염원한다. 강의를 통해 인연 되었던 학생들과 불자들, 중국에서 인연 되어 지금까지 물심양면으로 함께해주는 몇 불자님들, 속가의 모친과 형제들, 무엇보다 내 글을 격려해주는 독자들이 행복하기를 기원한다. 그리고 진심으로 감사한다. 내 인생에 승려로서 글 쓰는 여유를 배려해주신 부처님께 머리 숙여 예를 표한다. 나무아미타불.

2017년 초겨울에 들어서며
개웅산 니련선하원에서
정운 합장

1부 더불어 함께 사는 인연 그리고 공감

좋은 도반은 수행의 전부를 얻는 것과 같다 ··· 14
소중한 인연들 ··· 18
부당함을 당하면? 참지 말라 ··· 22
누구나 고통을 겪으며 살아간다 ··· 25
매화향기 그리고 철이 든다는 것 ··· 29
오늘을 마지막 날처럼 살자 ··· 33
참 좋은 인연들 ··· 37
다음에 왔을 때는 나를 못 볼지도 모르지! ··· 41
이 시대, 스승과 제자 ··· 44
비구니 스님의 주례사 ··· 48
현재 함께하는 사람에게 올인하라 ··· 53
인생의 소중한 가치란 무엇인가 ··· 56
감사는 행복을 초대한다 ··· 61
당신의 인생이 다른 사람들을 기쁘게 해주었는가 ··· 65
실패해도 누군가 나를 믿어준다면 ··· 69
큰 불길도 처음에는 작은 불씨에서 비롯된다 ··· 72
진실하지 못한 사람은 깨진 그릇과 같다 ··· 75
인성교육과 용서 ··· 78
영원한 우정과 신뢰 ··· 81
아낌없이 주는 나무 ··· 84
진심으로 비판하고 칭찬하라 ··· 87
알기는 쉽지만 행하기는 어렵다 ··· 91
나를 비워야 많은 것을 배운다 ··· 95
네 탓이오! 내 탓이오! ··· 98
더불어, 함께 ··· 101

모두에게는 삶의 무게가 있다 ··· 104
소유와 존재 ··· 108
사랑 그리고 기다림 ··· 111

2부 오만과 편견 깨기

겉모습만으로 사람을 평가하지 말라 ··· 116
그대가 있기에 내가 존재한다 ··· 119
다른 방식으로 생각하라 ··· 123
지나치면 후회할 일이 생긴다 ··· 127
사람이란 존재의 따스한 정 ··· 131
죽음과 맞바꿀 수 있는 그 무엇 ··· 134
싸우지 말자 행복하게 살자 ··· 137
오만과 겸손 ··· 141
못생긴 승려가 절집에 남는다 ··· 145
생각의 관점을 바꿔라 ··· 148
바퀴벌레도 삶에 대한 애착이 강하다 ··· 152
피해자는 많은데, 왜 가해자가 없을까? ··· 155
낮은 데로 임하소서 ··· 159
오리털 잠바에 숨겨진 비애 ··· 162
오해와 편견 ··· 165
있는 그대로를 사랑하라 ··· 169
어머니와 아내 그리고 예쁜 딸 ··· 173
가진 만큼 골치가 아프다 ··· 177
부족함과 지족 ··· 180

3부 나답게, 행복하게

두 번째 화살을 맞지 말라 ••• 186
YOLO! ••• 189
행복의 목적지는? 지금, 여기 ••• 193
부처님이 이 세상에 오신 뜻 ••• 196
사랑받고 존중받기 위해 태어난 그대 ••• 200
자신과 직접 대면하라 ••• 204
여행과 인생 ••• 208
지금 행복하십니까? ••• 212
삶의 방향이 어디인가? ••• 216
행복은 성적순이 아니다 ••• 219
그대 자신이 될 때 가장 아름답다 ••• 222
소중한 것은 내면에 있다 ••• 226
삶이 어찌 내 뜻대로 되겠는가? ••• 229
도전하는 인생은 행복하다 ••• 232
인생의 복병은 늘 곁에 도사리고 있다 ••• 236
개미와 베짱이 ••• 240
고통과 괴로움이 그대를 옥으로 만든다 ••• 244
삶이 아름다운 이유 ••• 247
행복한 인생의 비결 ••• 250
나의 천적이자, 인생동반자는 바로 나 ••• 254
세상에서 최고로 행복한 사람들 ••• 257
생각에 머물러 있지 말라 ••• 261
어느 즈음, 행복을 맛볼 수 있을까? ••• 264

자식에게 남길 최대의 유산 ••• 268
지금 여기가 아니면 어디서 행복을 찾으랴 ••• 272
누구나 자신만의 아름다움을 지니고 있다 ••• 276

4부 자신 있게, 세상으로

티끌 같은 노력으로 태산 같은 결과를 바라지 말라 ••• 282
성공했을 때는 담담하게 실패하더라도 태연하게 ••• 285
달팽이는 느리지만 뒤로 가지 않는다 ••• 289
매화꽃 향기는 받아들이되 욕은 사양하라 ••• 293
칭기즈칸은 스스로에 의해 만들어진다 ••• 297
어리석은 사람이 산을 옮긴다 ••• 301
자신만의 길을 향해 묵묵히 걸어라 ••• 305
그대, 얼마나 절박한가? ••• 309
지금의 고난을 부정하지 말라 ••• 312
1·2층을 지어야 3층을 지을 수 있다 ••• 316
인생에는 '때'가 있는 법 ••• 320
그대 인생에 3일이 남았다면 ••• 324
명예와 돈이 있다고 귀한 사람이 아니다 ••• 328
인생도 야구도 끝은 모르는 법 ••• 331
번아웃과 재충전 ••• 335
높이 나는 새가 멀리 본다 ••• 338
진정한 겸애 ••• 341
평정심을 가질 것 ••• 345

1부

더불어
함께 사는 인연
그리고 공감

#인간관계

#단체생활

#사람

좋은 도반은 수행의 전부를 얻는 것과 같다

:

"일생을 살면서 좋은 벗이 셋만 있어도 성공한 인생이다"라는 말이 있다. 이 말을 하면서 주위를 둘러보게 된다. 내게 진정한 벗이 셋이 아니라 하나라도 있는지…. 사찰이 아닌 학교에서 평소 친분이 없는 사람이 호의를 베풀면 '어떤 특별한 부탁이 있어 다가오는 게 아닌가?'라는 생각을 먼저 하게 된다. 그만큼 순수함이 사라졌다는 뜻인데, 출가자이지만 나이가 들수록 사람 사귀는 일이 쉽지 않고, 친구로 발전되는 일이 쉽지 않다. 사람 사는 세계는 어디나 똑같을 것이다.

'우정'이라고 하면《삼국지》의 유비와 관우, 장비가 떠오른다. 이 세 사람이 '태어날 때는 달리 태어났지만, 죽을 때는 함께하자'며 복숭아밭에서 의형제를 맺었다고 해서 도원결의桃園結義라는 말이 생겨났다. 이들은 피를 나눈 형제 이상의 우정과 의리로 독자들의 가슴을 따뜻하게 하는 인물이다.

또 우정 이상의 의리를 생각하면, 떠오르는 사람이《사기》의 저술가인 사마천이다. 사마천司馬遷(B.C. 145~B.C. 86)은 사관이었던 아버지의 뜻을 이어 받아 통사通史를 저술해야 할 숙명을 품고 있었다.
그런데 사건이 하나 터졌다. 당시 명장이던 이릉이 흉노와의 전쟁에서 중과부적으로 항복하였다. 이 소식을 접한 한무제는 몹시 화를 냈고, 대신들까지도 이릉을 비난하고 나섰다. 사마천은 친구였던 이릉의 어쩔 수 없는 실수를 변호하다가 한무제의 분노를 사게 되어 감옥에 갇히는 신세가 되었다. 당시 사마천에게 주어진 형벌은 50만 전의 벌금. 벌금을 내지 못하면 사형을 당하든지 생식기를 자르는 궁형을 당할 처지였다.
사마천의 친구 임안은 벌금을 준비하기 위해 집안 대대로 살아온 집을 팔아 사마천을 구하려 했으나 실패해 결국 사마천은 궁형을 당하게 되었다. 치욕스러운 일이었으나《사기》를 저술하기 위해 한 선택이었다. 이후 사마천이 복직한 뒤, 반대로 친구 임안이

옥에 갇히는 신세에 처한다. 친구 임안이 사형에 처하게 되자, 사마천은 한무제에게 친구를 대신해 독약을 먹겠다고 청해 실제 독약을 먹었다. 그런데 이 일은 한무제가 사마천을 시험하고자 했던 것으로, 사마천이 마신 것은 사실 독이 아니었다!

"남자는 자신을 알아주는 사람을 위해 목숨을 바치고 여자는 자신을 기쁘게 해주는 사람을 위해 화장을 한다(士爲知己者死 女爲悅己者容)"고 하더니 사마천·이릉·임안을 보면 끈끈한 우정과 의리가 아름다운 모습으로 다가온다.

친구라는 존재는 사람이 살아가는 데 위안이 될 뿐만 아니라 원동력이 되기도 한다. 수행하는 스님에게도 친구는 수행길에 있어 값진 보배이다. 그래서 불교경전에서는 좋은 벗과 소중한 인연에 대해 강조를 많이 한다. 훌륭한 벗은 그만큼 수행에 보탬이 되기 때문이다. 《잡아함경》에 이런 내용이 있다.

제자 아난이 부처님께 물었다.
"부처님! 수행자에게 좋은 친구가 있으면 그 사람은 수행의 절반을 완성한 것이 아닐까요?"
부처님께서 고개를 저으시며 말씀하셨다.
"아난아! 그렇지 않다. 좋은 도반이 있다는 것, 좋은 인연들과 함께한다는 것은 수행의 전부를 완성한 것과 다름이 없느니라."

불교에서는 친구라는 말보다 '길벗'이라고 하여 도반道伴이라고 칭한다. 또한 승우勝友라는 말이 있다. 서로 탁마하고 격려하는 친구를 말하는데, 누가 먼저라는 선배의 뜻이 아니라 둘이 함께 나란히 걷는다는 동행同行의 의미이다.

한편 절에서 맛있는 간식을 차담(茶啖)이라고 하는데, 차담시간에는 함께 인연 맺은 도반들과 차를 마시고 진리를 나누며 좋은 인연으로 이어지길 바라는 뜻이 담겨 있다. 조선 초기 함허 스님은 "이 한 잔의 차는 옛날의 내 정을 표하는 것…. 그대는 한번 맛보시오"라고 하며 승려들과의 따스한 인연을 표현하기도 했다.

좋은 친구를 사귀는 일은 쉽지 않다. 이 말에는 인간은 적극적이기보다는 수동적이라는 뜻이 담겨 있다. 좋은 인연을 기다리거나 상대방의 베풂을 기다릴 것이 아니라 내가 먼저 상대방에게 좋은 선지식이 되기 위해 노력하면 어떨까 싶다. 바로 이런 관점과 노력이 있을 때, 벗은 멀리 있지 않을 것이다. 그대 곁에 가까이 있을 것이다.

소중한 인연들

:

　　사람이 살아가면서 좋은 인연을 맺는 일이 쉽지 않다. 어떤 인연을 맺었느냐에 따라 인간은 성공할 수도 있고, 타락할 수도 있다. 부모와 자식 간의 인연이야 어쩔 수 없이 주어진 인연이지만 배우자나 친구, 스승과 제자, 직장에서의 인연 등 수많은 인연 속에서 우리는 살고 있다.
　　그 많은 인연들 중, 좋은 인연으로 지속되는 일이 쉽지 않음을 누구나 실감할 것이다. 좋지 않은 인연에서 좋은 관계로 발전하는 것보다는 좋은 인연으로 시작되었다가도 악연으로 끝나는 경우가 더 많다. 우리 인간은 불완전한 존재이기 때문에 관계에서 성숙하지 못한 것이 당연한 일이다.

한편 인간은 불확실한 삶에 놓여 있기 때문에 악연에서 좋은 인연으로 발전되기도 한다. 스티브 잡스Steve Jobs(1955~2011)는 21세에 자신이 만든 애플사에서 30세에 쫓겨났다. 자신과 함께 일을 했던 이들과의 인연에서 잡스는 내쳐졌고, 절망감에 빠졌다. 잡스는 다시 일을 시작하면서 넥스트Next와 픽사Pixar와의 인연을 계기로 '로렌'이라는 여성과 사랑에 빠져 평생의 배우자를 맞이했다. 이렇게 불완전하고 불확실하고 나약한 우리 인간들이지만, 절망은 좋은 인연을 맺게 해줄 수도 있다. 그러니 너무 힘들어하거나 슬퍼하지 말라.

하지만, 우리 삶 속에 전부를 차지하고 있다고 해도 과언이 아닌 인연을 소홀히 하지는 말자. 현재 우리가 맺고 있는 인연은 단순한 인연이 아니라 과거 어느 생에서부터 시작된 소중한 인연이기 때문이다.

봄철 장미꽃 한 송이가 피는 데도, 겨울의 매서운 바람과 추위가 있어야 한다. 또한 물·공기·햇빛·바람 등 자연의 도움이 있기에 아름다운 장미가 탄생하는 것이다. 즉 시간적인 인연과 공간적인 인연이 있어야 생명 하나가 이 세상에 존재할 수 있다.

한 개인도 결코 혼자만의 힘으로 이루어진 것이 아니다. 주위 모든 이들과의 인연화합으로 이루어진 것이다. 즉 부모·형제·친구 등 주위의 많은 이들과의 얽힘 속에서 존재할 수 있으며 이런 인연 속에서 살아가는 것이다.

우리 인연은 전생에서는 부모·형제·친척·가족이다. 앞으로의 인연도 미래의 가족으로 만날 인연들이다. 인연 맺은 이들과의 진실한 소통과 사랑 나눔은 생애 최고의 가치일 것이다.

그런데 가족 간의 인연이든 친구와의 인연이든, 그냥 맺어졌다고 해서 좋은 인연으로 발전될 수 있는 것은 아니다. 좋은 관계가 지속되도록 노력하는 것이 중요하다는 뜻이다. 그러기 위해서는 '용서'라는 이름으로 상대방을 이해하는 일이 선행되어야 한다. 앞에서도 언급했듯이 사람은 살면서 좋은 인연보다 악한 인연을 더 많이 만난다. 이를 뒤집어 보면, 인간은 자신이 상대방에게 상처받은 것만 생각하지 상대방에게 상처를 준 것은 생각하지 못함을 알 수 있다. 자신이 피해자라고만 생각하지 가해자라고 생각하지 못하기 때문에 상대적으로 악연이 더 많은 것이다.

우리 모두는 피해자인 동시에 가해자이다. 상대방이 실수했을 때, 자신의 관점으로 상대방을 보지 말고 상대방의 입장에서 생각해보아야 한다. 이 점을 상기한다면 좋은 인연으로 맺어질 것이다. 부처님께서는 다른 경전에서도 수행자들끼리 서로 위로해주고 보살필 것을 강조하면서 연장자를 존중하고 아랫사람을 보살필 것을 피력하셨다.

  우리 모두는 소중한 사람이다. 이 소중한 사람들끼리 좋은 인연을 꽃피운다면 세상에 이보다 더 아름다운 일이 어디 있을 것인가!

부당함을 당하면?
참지말라

:

　　　　　　석가모니 부처님 재세在世 시(살아 계실 때)의 일이다. 부처님 제자 중에 사리불 스님은 지혜와 덕행을 갖추고 있어 사람들이 모두 존경하였다. 어느 날 사람들이 옹기종기 모여 앉아 사리불 스님의 자비심과 덕행을 찬탄하였다. 그런데 이들 중 한 사람이 사리불 스님에 대해 부정적인 의견을 내놓았다.

　"사리불 스님이 아무리 자비롭고 훌륭한 분이지만 그도 사람인데, 어찌 화를 내지 않겠습니까? 그대들이 자꾸 사리불을 인욕행(참는 것)에 뛰어난 사람이라고 칭찬하는데 나는 그렇게 생각하지 않습니다. 그렇다면 사리불 스님이 진짜 화를 내는지 내지 않는지, 한번 실험해봅시다."

이렇게 사람들이 대화를 하는 중, 마침 사리불이 탁발을 하기 위해 그들 앞을 지나가고 있었다. 내기를 하자고 했던 남자가 스님에게 달려가 스님의 등짝을 사정없이 후려쳤다. 사리불은 뒤를 돌아보다 아무렇지도 않은 듯 그냥 걸어갔다. 스님의 그 모습을 본 남자는 자신의 행동을 뉘우치고, 스님에게 용서를 빌며 말했다.

"사리불 스님, 저를 용서해주십시오!"

"제게 무슨 잘못이라도 했습니까?"

"제가 스님께서 얼마나 인욕을 잘 하는지 시험해보기 위해 등을 쳤던 사람입니다."

"괜찮소!"

남자와 사리불이 대화를 마치고 헤어지려는 순간, 수많은 사람들이 그 남자의 무례한 행동에 화를 냈다. 이때 군중 속에서 한 사람이 외쳤다.

"저 사람은 아무런 이유도 없이 성자님을 때렸다. 저 사람을 그냥 둘 수 없다."

사람들은 돌과 몽둥이를 든 채 흥분한 상태가 되었다. 사리불은 사태를 파악하고, 자신에게 폭력을 휘두른 사람에게 당신의 발우(스님들이 소지하고 다니는 밥그릇)를 들고 있으라고 하였다. 사람들은 스님의 발우를 들고 있는 그 사람을 차마 때리지 못했다. 이때 사리불이 말했다.

"저 사람은 나를 때린 것이지, 그대들을 때린 것이 아닙니다. 나는 그를 용서했소. 그뿐입니다. 그러니 그대들은 여기서 흩어졌으면 합니다."

사람들은 사리불에게 존경을 표하고 흩어졌다. 이런 일이 생긴 것을 알고 부처님께서 사람들에게 말씀하셨다.

"사리불은 수행의 높은 경지에 올라 마음속에 화나는 마음(嗔心)이 완전히 소멸되었기 때문에 화를 내지 않는 것이다."

불교에서는 수행방법으로 참는 것(인욕)을 강조한다. 한 발 더 나아가 《금강경》에서는 진정한 인욕은 '자신이 참는다는 의식조차 하지 않고 참는 것'이라고 한다.

하지만 사리불 스님처럼 높은 경지에 오르지 못한 보통사람인 경우, 누군가 해코지를 한다면 참았다가 훗날 폭발하는 것보다 화를 내는 것도 나쁘지 않다고 본다. 필자는 수업에서 대학생들에게 이런 말을 한 적이 있다.

"자신이 왕따를 당하거나 부당함을 당하면, 바보같이 무조건 참으려 들지 말라. 화를 내고, 자신의 정당성을 주장하라. 어디서든 절대 기죽지 말라. 자존감을 가져라."

누구나 고통을 겪으며 살아간다

:

　　　　　사람은 살면서 즐거운 일보다 괴로운 일을 당할 때가 더 많다. 자신이 원하는 일이 되지 않을 때의 불만족, 병고, 사람과 사람 사이의 마찰, 구설수 등 인간을 괴롭게 하는 일들이 무수히 많다. 고통이 생기는 이유는 인간의 삶 자체가 누군가에게 베풀고 헌신하는 것보다 욕망이 더 많기 때문이다. 곧 손해 보지 않으려는 이기심도 한몫한다.
　그러나 꼭 갈망하지 않더라도 고통은 이유 없이 그리고 갑작스럽게 찾아온다. 특히 연예인들을 보면 그들의 학력이나 외모, 가족까지 많은 사람들의 입방아에 오른다. 그들이 잘못해서 그런 것보다는 일종의 마녀사냥처럼 그들을 왜곡하고, 없는 일조차 만들어 사람들로 하여금 백白을 흑黑으로 믿도록 해버리는 경우가 많다. 이런 일로 어떤 연예인은 자살하기도 하고, 어떤 이는 심각한 후유증으로 병을 얻기도 한다. 이는 마치 어린애들이 장난으로 연못에 돌을 던지지만, 연못에 사는 개구리들은 생사를 넘나들며 고통받는 것과 같은 이치다. 이런 일은 일반인도 많이 겪는데, 왜 우리는 남의 고통을 즐기고 있는지 깊이 생각해보아야 한다.

그렇다면 많은 고통들을 어떻게 받아들이고, 그에 맞서 어떻게 행동해야 할까? 특히 근거 없는 구설수나 사람들과의 마찰을 염두에 두고, 2가지로 해결점을 제시할까 한다.

첫째는 고통과 힘겨움을 있는 그대로 수용하는 자세이다. 달마도로 유명한 달마 스님의 좋은 가르침이 있는데, 보원행報怨行이라는 법문이다.

보원행이란 남으로부터 받고 있는 증오, 육체적 고통, 정신적인 번뇌, 상실감 등 고통스러운 일이 발생했을 때 이것을 비관하거나 피할 것이 아니라, 과거 자신이 지어놓은 좋지 못한 업보로 인해 현재 고통받는 것이라 여기고 잘 참고 인내하라는 뜻이다. 혹 어떤 이는 이 보원행을 팔자소관으로 받아들일지도 모르겠다. 그러나 전혀 그런 뜻이 아니다.

내게 생기는 그 고통스러운 일을 거부한다고 해서 해결되는 것이 아니요, 타인과 부딪친다고 원만하게 되는 것도 아니다. 그러니 그 고통을 감내하는 자세를 가지라는 의미이다. 타인과의 마찰을 수용하는 자세도 상대방을 이길 수 있는 길이요, 인생을 헤쳐 나가는 데 있어 좋은 보약이요, 지혜로운 방법이 될 것이다.

석가모니 부처님에게는 10명의 훌륭한 제자가 있었는데, 목련 스님은 신통력이 뛰어났다. 당시 인도에는 여러 교단이 있었는데, 불교교단이 점점 커지고 출가자들이 많아지자 이교도들이 불교교단을 해코지하려고 했다. 신통이 뛰어난 목련은 교단을 보호하기 위해 신통력으로 이교도들의 침입을 막았다(불교승려가 신통력을 얻기 위해 수행하는 것은 아니지만, 신통력은 수행과정상 나올 수 있는 하나의 힘이다). 이러다 보니 이교도들은 목련에게 앙심을 품고 목련을 죽이려고 하였다. 이교도들은 산 정상에서 목련에게 돌을 던졌지만 목련은 신통력으로 위험을 피했다. 이와 같은 일이 세 번째 생겼을 때, 목련은 이교도들이 산 위에서 던진 돌에 맞아 결국 죽임을 당했다. 깨달음을 얻은 수행자도 이렇게 불명예스러운 죽임을 당하는 업보가 있건만, 범부 중생들의 삶에 고통이 따름은 당연한 일이 아니겠는가? 목련은 신통력으로 자신의 죽음을 막을 수 있었지만, 과거에 나쁜 일을 행한 업보라는 생각으로 죽음을 수용하였다. 지나친 예를 드는 것 같아 조심스럽지만, 고통에 대해 수용하는 자세를 갖자는 것이다.

두 번째는 아예 무시하는 방법인데, 특히 사람과의 마찰이 있을 때 쓸 수 있다. 《사십이장경》에 이런 내용이 전한다. "어떤 사람이 그대를 괴롭히고 힘들게 할지라도 참고 견딜지니라. 그에게 성을 내거나 꾸짖지 말라. 그가 와서 너를 꾸짖고 미워하는 것은 자기 스스로를 미워하는 것이다."

바로 이 점이다. 객관적으로 자신이 옳다고 생각한다면 화를 낼 필요가 없다. 결국 그가 와서 꾸짖음은 자신에게 화가 나 있는 것이니, 무시해버릴 일이다. 무시한다고 해서 그의 인격을 무시한다는 의미가 아니다. 그 사건 자체를 무시하는 것이다. 단지 맞설 필요가 없다는 뜻이다.

사람이 살다보면 별의별 일을 다 겪게 마련이고, 전혀 예상치 못했던 일들이 발생하기도 한다. 이때마다 자신에게만 이런 일이 생긴다고 힘겨워하고 좌절한다면 인생에서 패배자가 된다. 억만금을 가진 부자나 장관이라고 할지라도 누구나 고통을 당하며 살아가는 법이다. 인생의 아픔도 수용할 줄 알고, 어느 단계에서는 적당히 포기할 줄도 알아야 한다. 또한 사람과의 관계에서 힘들 때는 자신이 옳다고 생각한다면 적당히 무시하는 일도 고통을 이겨내는 방법이라고 생각한다.

매화향기 그리고 철이 든다는 것

:

초봄이 다가오는 즈음에는 차를 마실 때 차에 말린 매화꽃을 곁들어 마시는 별미가 있다. 몇 년 전 도반이 손수 매화꽃을 말려서 간혹 보내주어 차에 넣어 마셨는데, 요즈음은 그런 호사를 누리지 못하고 있다. 매화차를 보내주던 스님은 연락이 끊긴 지 오래되었는데, 어딘가에 은둔해 살고 있는 듯하다. 매화라는 이미지만큼이나 향기를 풍기던 스님이었으니 기다리지 않아도 언젠가 은은한 향기를 뿜으며 나타나리라. 매화의 이미지를 한껏 살리는 아름다운 시가 있어 소개한다.

담 모서리 두서너 매화가지

눈 속에 홀로 피었네.

멀리 보면 눈도 아닌 것이

그윽한 향기를 풍기네.

牆角數枝梅 凌寒獨自閑

遙知不是雪 爲有暗香來

- 왕안석(1021~1086)

겨울은 사계절의 마지막이요, 한 해의 시작점이기도 하다. 시작과 끝 지점을 동시에 갖춘 계절, 겨울은 생명을 잉태케 하는 근원점이기도 하지만 한편으로는 인간에게 은둔과 고독감을 스미게 해준다. 바로 이 겨울을 겨울답게 하는 꽃이 매화이다. 매화는 혹독한 겨울을 이겨내고 꽃 중에서 제일 먼저 핀다. 이 매화를 선비의 고고하고 올곧은 군자에 비유하는데, 사군자四君子(梅蘭菊竹) 가운데서도 제일 먼저 나오는 생명체가 바로 매화이다.

그런데 이 매화가 봄소식(봄철)을 제일 먼저 안다고 하여 '철이 들었다'고 한다. 성숙한 사람을 말할 때 표현하는 말이 바로 매화에서 비롯된 것이다. '철'이라는 말은 사리를 헤아릴 줄 아는 힘을 말한다. 따라서 '철들었다'고 하면 지혜와 사리로 분별할 줄 아는 소유자, 즉 성숙한 인격자를 지칭한다고 볼 수 있다. 동양의 지혜는 모든 만물의 이치와 더불어 사람에 비유하고, 인간을 자연에 견주어 노래하는 자연주의 성향이 짙다.

일반적으로 '철들었다'고 한다면 앞에서 말한 대로 성숙한 인격을 말하겠지만 굳이 그렇게 거창한 인격을 염두에 두지 않더라도 사람이 그 시기와 때를 알고, 사유하며, 그 시기에 부닥친 것들을 수용할 줄 아는 사람은 철든 사람이다. 마치 매화가 때를 알고 꽃을 피우는 것처럼.

사람은 살면서 별의별 일을 다 겪게 된다. 내가 원하는 사람만 만날 수 없고, 모든 이들이 다 나를 좋아하지 않는다. 내가 원하지 않는 사람도 만나야 하고, 나를 싫어하는 사람도 봐야 하는 법이다.
또한 나이 들어갈수록 자신 스스로나 주위 여건에 있어 수많은 고苦가 발생하는 법이다. 살아가는 일에도 늘 좋은 일이나 행운만 올 것 같지만 좋지 않은 일이 더 많이 발생하게 되어 있다. 인생의 무게만큼 고뇌와 고통스러운 일도 증가되는데, 이 고를 피하거나 거부하는 것이 아니라 수용하는 자세를 갖는 것이다. 그래서 옛 스님들은 이런 말씀을 하셨다.

남이 내 뜻대로 순종해주기를 바라지 말라.
남이 내 뜻대로 순종해주면 교만심이 일어난다.
그래서 성인은 '내 뜻에 맞지 않는 사람들로 벗을 삼으라'고 하였다.
세상살이에 곤란 없기를 바라지 말라.
곤란이 없으면 잘난 체하는 마음이 일어난다.
그래서 성인은 '근심과 곤란으로써 세상을 살아가라'고 하셨다.

-《보왕삼매론》

　좋은 일이든 나쁜 일이든 좋은 사람이든 싫은 사람이든 그 시기에 맞춰 있는 그대로 받아들이고 수용하는 삶의 여유를 가져야 한다. 혹독한 겨울의 아픔을 인내하고 봄이 왔을 때 향기를 내뿜는 매화처럼 사람도 인생의 주기에서 찾아오는 고통을 이겨내고 수용하는 마음가짐이 진정한 철듦이리라.

오늘을
마지막 날처럼 살자

⋮

대학 봄학기 강좌를 종강했다. 이번 종강날, 학생들에게 이런 말을 하였다.

"종강하는 날이라 조금 일찍 끝내겠습니다. 이번 학기에 이렇게 여러분들과 만나게 되어 즐거웠고, 행복했습니다. 졸업하는 학생들은 졸업 후에 연봉으로 직업을 구하지 말고, 꼭 본인이 원하는 일을 하기 바랍니다. 재학생들은 방학을 어떻게 보냈느냐에 따라 실력 차이가 나는 법이니, 방학을 잘 보내기 바랍니다. 한 학기 만난 인연도 소중한 건데 섭섭하군요."

오랫동안 대학에서 강의를 하면서 밥 먹는 일상처럼 종강을 했다. 개강날이 있었으니, 종강날이 있는 것이 당연한 이치라고 생각하면서 끝마쳤다는 느낌도 없이 학생들에게 마지막 인사를 하였다. 솔직히 표현하면, 진정성이 약간 결여되어 있어 마음 한편이 민망하기도 하다.

이 종강날, 한 학생과 잠깐 대화를 나누었다. 이 친구는 경제적 이유로 몇 번이나 휴학을 거듭했고, 이번 학기를 마지막으로 졸업하는 학생이었다. 이날 학생에게 인연의 소중함, 어떤 직업을 갖든 소중한 마음으로 임하는 자세만 갖춘다면 인생에서 성공한 것이라는 내 나름의 이야기를 해주고 헤어졌다. 그런데 그날 저녁 이 학생으로부터 메일이 하나 도착했다.

조금은 떨리고 설레는 마음으로 대학에 입학한 것이 바로 엊그제 같은데, 어느덧 시간이 지나 졸업이 바로 코앞에 다가 왔습니다. 학교에서의 생활이… 그 반복되는 사이클이 지루하고 무료하게만 느껴졌습니다. 지금 돌이켜보면 정말 안타깝고 그때로 다시 돌아간다면 그 사람들과 주어진 수업에 더 많은 노력과 정성을 기울일 텐데 그럴 수는 없는 거겠지요. 오늘 교수님의 수업을 종강했는데, 대학생으로서 마지막 수업이었습니다. 그런데 수업이 끝나자마자 참 이상한 느낌이 들었습니다. 종강이라고 일찍 끝내주시는 교수님께 서운한 마음이 들었습니다. 종강날, 무엇보다 그때 그 순간에 제 주위에서 함께 수업을 듣던 많은 이들과, 강의를 해주시던 교수님이 계시던 그 공간, 그 시간이 그렇게 아쉬울 수가 없었습니다. 믿으실지 모르겠지만 오늘 수업이 끝나고 스님께서 해주셨던 말씀, 정말 감사했습니다. 그 시간마저 소중하게 느껴졌거든요….

이 친구의 메일을 다 읽고, 가슴이 뭉클했다. 내게는 일상으로 여겼던 일이 상대방에게는 '마지막'이라는 이름으로 가슴 깊이 새겨졌을 그 시간과 공간, 생각나는 대로 했던 말을 상대방은 진지하게 받아들였다니…. 학생에게 미안한 마음도 들었다. 그때 필자는 내 인생에서 마지막 수업처럼, 이 친구가 말하는 마지막이라는 간절함으로 대화를 나누지 못했다. 이 친구가 대학을 졸업하는 애틋한 심정을 생각하면서 스티브 잡스를 떠올렸다. 애플사 창립자이자 전 CEO인 스티브 잡스가 살아생전 암이 발병된 직후, 어느 대학에서 했던 연설 중 이런 내용이 있다.

매일 아침 거울을 보면서 자신에게 물었습니다. '오늘이 내 인생 마지막 날이라면 지금 하려고 하는 일을 할 것인가?' 며칠 동안 계속 NO라는 대답이 나오면, 나는 무언가 변화가 필요하다는 걸 깨닫곤 했습니다. 나는 인생에서 어려운 결단을 할 때마다 이런 생각을 했습니다. '곧 죽는다'는 생각을 결정을 하는 도구방편으로 삼았습니다.

평소에 우리는 오늘의 삶을, 사람과의 인연을,
내가 하고 있는 일을 소중하게 여기지 않는다.
잠시 소중함을 인식하다가도
망각해버리는 어리석은 중생이 아닌가 싶다.
그렇지! 늘 '마지막'이라는 이름으로 오늘을 살고,
'마지막'이라는 이름으로 만나는 사람을 소중히 하자.
'마지막'이라는 이름으로 그 시간과 공간에 존재해보자.

참 좋은 인연들

:

　　　　　왕안석王安石(1021~1086)은 송나라 때, 사대부이자 정치가였다. 그는 북송北宋 신종 때 재상으로서 나라의 부국강병을 위해 신법新法을 실시하였다.

　　왕안석이 신법을 주장했던 것은 이민족과의 전쟁 등으로 피폐해진 국가 재정난을 극복하고, 대지주와 대상인의 횡포로부터 농민과 중소상인들을 보호·육성해 부국강병을 이루려는 데 목적이 있었다. 그런데 왕안석의 신법은 급진적인 정책으로 반대파의 세력에 부딪혀 실패로 끝나고 말았다. 왕안석의 정책을 반대했던 대표적인 인물이 바로 구법당의 사마광司馬光(1019~1086)이다.

왕안석과 사마광, 두 사람은 정치적으로는 서로 대립하였지만, 개인적으로는 사이가 매우 돈독했다. 이들은 자신의 이익을 위해서 상대방을 공격하거나 상대방의 약점을 잡아서 정치적으로 이용하지 않았다. 훗날 왕안석이 먼저 세상을 떠났는데, 사마광은 당시 심각한 병을 앓고 있는데도 불구하고, 장례식장에 찾아갔다. 그는 왕안석의 죽음을 애통해하며, 후하게 장례를 치러주었다는 일화가 전한다.

한편 왕안석은 자신과 반대편에 섰던 구법당의 소동파蘇東坡(1036~1101)와도 인연이 돈독했다. 말년에 소동파가 왕안석이 사는 마을에 온다고 하자, 왕안석은 친히 마중을 나갔고 그와 수여 일을 함께 지냈다. 왕안석은 소동파의 시를 늘 극찬하였다.

또 마하트마 간디Mahatma Gandhi(1869~1948)와 지나Jinnah(1876~1948)의 인연을 보자. 실은 이 지나에 의해 인도가 파키스탄과 분리되었다. 지나는 회교인 이슬람독립국을 만들기 위해 평생을 노력한 정치인으로, 간디와는 숙적관계였다. 간디가 1948년 저격되었을 때, 지나는 정원에 앉아 신문을 보고 있다가 비서를 통해 간디의 비보를 들었다. 그는 눈물을 흘린 뒤 방으로 들어가 한동안 밖으로 나오지 않았다. 이후 지나도 병이 들어 명을 달리했다. 간디와 지나는 종교적인 이념과 정치적인 성향이 달랐을 뿐, 두 사람 사이에는 인간적인 신뢰감이 있었다고 보인다.

또 우리나라에도 이런 우정을 나눈 인물들이 있다. 조선 후기 현종 때 명의이자 우의정을 지낸 허목과 정치인 송시열이다. 두 인물은 당파로 나누어져 서로 원수나 다름없었다. 어느 해 송시열이 큰 병을 앓게 되었고, 어떤 약을 써도 효험이 없었다. 송시열은 허목만이 자신의 병을 고칠 수 있다고 판단하고, 아들을 보내 약처방을 부탁했다. 그런데 허목이 써준 처방전 약재 중에 독약이 첨가되어 있었다. 처방전에 독약이 있다는 말을 듣고, 사람들은 허목을 의심했지만 송시열은 조금도 의심하지 않았다. 이후 송시열의 병은 나았다고 한다.

자신의 사상과 다른 주장을 하고 있는 상대방을 끌어안는 것, 쉽지만은 않은 일이다. 자신을 중심으로 주변 사람들과 함께 구축한 신념을 접어두고, 상대편 사람을 존중해주는 일이 어찌 말만큼 쉽겠는가? 세상을 살면서 어느 누구나 수많은 사람들과 인연을 맺고 살아간다. 그런데 인연들 중 좋은 인연으로 이어지는 것보다 의도치 않게 상대방과 악연으로 끝날 때가 더 많다. 정치적으로나 사상적으로 서로 반목하거나 뜻이 맞지 않을지언정 인간적인 신뢰감을 갖고 우정을 나누었던 이들을 보니, 마음이 따스해진다.

서로가 틀린 것을 내세우고 주장하는 것이 아니라 서로가 다름을 주장하는 것임을 인정하고 신뢰하며 용서하는 사람, 바로 이를 두고 군자라고 할 수 있지 않을까?

다음에 왔을 때는
나를 못 볼지도 모르지!

:

　　　　　　일전에 몇 지인들과 강원도를 다녀왔다. 오랫동안 알고 있던 노스님을 뵙기 위해서다. 노스님은 연세가 80세가 넘었고, 근자에 들어 건강이 좋지 않아 병원을 자주 다니신다. 몇 달 전에는 병원에 장기간 입원했다. 이런저런 인사차 강원도 깊은 산골에 위치한 사찰을 찾았다. 노스님을 3년 만에 뵙는데, 스님께서는 많이 초췌해 보였다. 그래도 노스님의 천성이 워낙 밝고, 쾌활한 성품인지라 젊은 사람들과 즐겁게 한담을 나누셨다.
　　헤어지면서 나오는데, 노스님께서는 이별을 매우 아쉬워했다. 마치 또 볼 수 없을지도 모른다는 생각을 하셨는지, 무덤덤하고 천진난만한 얼굴로 이런 말씀을 하셨다.

"또 와요. 아마 다음에 왔을 때는 나를 못 볼지도 모르지!"

노스님께서 붙인 마지막 멘트가 폐부를 찌르는 듯했다. 함께 간 지인 중에 한 분은 노스님을 3년에 한 번 정도 찾아뵙는데, 그녀는 노스님께 "3년 있다가 한번 찾아오겠다"는 인사로 답례를 하였다. 차를 타고 오면서 옆자리에 앉은 그녀에게 필자가 이런 말을 하였다.

"불자님께서 3년 있다가 노스님을 찾아오면, 아마 스님께서는 돌아가시고 스님의 빈방만 덩그러니 있을지도 모르지요."

연세가 많은 분들과 헤어지면서 이런 생각을 한 적이 없었는데, 이때 만난 노스님과 헤어지면서는 그 만남이 어쩌면 이 생에 마지막이 될지도 모른다는 생각이 들었다.

일전에 어느 자서전에서 부부의 애틋한 이별을 보았다. 저녁에 부부는 잠자기 전에 늘 함께 TV를 시청했었다고 한다. 그날은 부인이 먼저 잠을 자겠다고 하자, 남편은 소화가 잘 안 된다며 TV를 더 시청하고 자겠다고 하였다. 그렇게 하고, 부인은 안방에 들어가 잠을 잤다. 그런데 다음날 아침에 일어나 보니, 남편은 쇼파 위에서 쇼크사로 죽어 있었다. 부인은 남편과 이별인사 한마디 주고받지 못한 것에 한동안 힘들어했다. '함께 더 있어야 했는데 먼저 들어가 잤구나' 하는 자책까지 하면서 남편에게 생전에 잘해주지 못한 일만 떠올리며, 수년간 매우 힘들어했다.

우리가 매일 만났던 사람, 특히 가족 간에 한 사람이 갑자기 사라지거나 죽음으로 이별을 하면 살아 있는 사람은 힘든 시간을 보낸다. 요즘은 대형 교통사고나 자연재해 등 예기치 않은 사건사고가 많다 보니, 어느 도처에서 인간의 생명을 위협할지 모른다. 함께 지냈던 사람이 어느 순간 '나 간다'는 한마디 말 없이 마지막이 될지 모르는 세상을 살아가고 있다.

중국의 임제 스님臨濟(?~867)은 "삶이 늘 일기일회一期一會여야 한다"라고 하였다. 즉 어떤 일이든 사람이든 일생(一期)에 단 한 번의 만남(一會)이라는 뜻이다. 영원한 것은 아무것도 없다. 사람의 인연은 더더욱 그러하다.

그러니 우리가 함께하는 매 순간에
그 사람이 섭섭하게 굴더라도 이해하고, 용서하라.
그 순간이 마지막이 될지도 모르기 때문이다.
함께하는 시간이 얼마나 소중한 순간이며,
얼마나 소중한 인연인가!

이 시대, 스승과 제자

:

인터넷 여기저기에 마음 아픈 기사가 실렸다. 영어수업 도중 어떤 중학생이 자신을 훈계하는 영어 선생님을 폭행한 사건이었다. 순간 '상식 밖의 일'이라는 말도 생각나지 않을 만큼 할 말을 잃었다. 옛날 격언에 "제자는 스승의 그림자도 밟지 않았다"고 하는데, 이런 말을 하는 필자를 원숭이 취급하듯 우습게 보는 세상이 되었는지도 모른다.

필자가 중고등학교 다닐 때도 체육시간에 가끔 단체기합이나 체벌이 있었다. 물론 다른 교과목 선생님의 체벌도 있었지만 당시 어린 나로서는 부당하다는 생각을 해본 적이 없었다. 그런 분위기가 유쾌한 기분은 아니었지만 자연스러운 일로 생각했었다. 집에 와서 어머니께 학교에서 체벌을 받았다고 고자질을 하면, 어머니는 한술 더 떴다.

"학생들이 선생님께 혼나야 제대로 사람 되고, 공부하지."

또한 필자의 학창시절에는 아이들 체벌문제로 부모가 학교에 쫓아오는 경우는 없었고, 감히 선생님께 대들거나 눈 맞추는 일도 없었다. 그렇다고 현재 중고등학교 선생님의 체벌을 옹호하거나 긍정하는 뜻은 아니다. 학생의 인권만 강조될수록 선생은 아이들을 지도하는 스승으로서가 아닌, 돈 버는 직업인으로 전락될 수밖에 없을 것이다. 어느 선생은 학교에서 아이들이 잘못된 것을 보아도 함부로 나무랄 수 없고, 수업시간에 대놓고 책상에 엎드려 자도 깨우면 학생이 오히려 선생에게 해코지할까 봐 두렵다고 한다. 그러니 선생들이 무슨 교육을 제대로 할 것인가. 결국 교육의 악순환만 반복될 뿐이다.

선생님 역시 지나친 언행과 폭력을 행사해서는 안 되겠지만, 선생들의 설 자리를 마련해주어 교권이 추락하지 않도록 하는 일 역시 필요하다. 학생들이 선생을 폭행하는 근자의 현실에서 가장 지적해야 할 문제는 가정교육의 부재라고 생각한다. 비싼 과외선생만 우대할 것이 아니라, 스승과 제자 간의 인간적인 관계를 부모가 가르쳐야 하고, 선생님에 대한 옹호도 필요하다고 본다. 솔직히는, 글을 쓰고 있는 필자도 선생과 제자 간의 바른 역할을 정의한다는 것이 얼마나 어려운 일인지를 실감한다.《육방예경》이라는 불교경전에서는 스승과 제자의 역할에 대해 이렇게 말하고 있다.

> 제자는 스승을 예경하고 존중하며, 스승의 가르침을 공손하게 받아들여 그릇됨이 없이 행하고, 스승의 가르침을 잊지 않아야 한다. 스승은 제자에게 진리에 따라 지도하고, 알지 못하는 것이 있으면 친절히 가르쳐주며, 물음이 있으면 그 뜻을 잘 설명해주고, 훌륭한 벗을 소개해주며, 가르치는 일에 인색하지 않아야 한다.

아무리 세상이 험하다고 해도 선생과 제자 간의 인간적인 관계는 서로 존중되어야 할 것이다. 물론 지금까지 말한 것과는 반대로 학교에서 좋지 않은 일만 있는 것은 아니다.

학기가 시작된 지 3주째 되던 무렵, 수업이 끝나고 어느 남학생이 작별인사를 한다고 하였다. 학기 초반인데, 웬 작별인사냐고 물었더니 자신은 3학년으로 이번 학기를 마치고 군대에 가려고 했는데 뜻하지 않게 4월 초에 군대를 가게 되었다고 하였다. 순간적으로 학점과 관련된 말을 하리라는 나의 속된(?) 생각으로 "자네가 수업의 2/3를 수강했으면 학점을 주는데 지금으로서는 곤란한데…"라고 먼저 말했다. 그런데 학생은 의외의 말을 하였다.

"교수님, 학점과는 상관없습니다. 교수님 수업을 3주째 들었는데, 군대 가면서 인사도 없이 가는 것이 예의가 아닌 것 같아 오늘 수업 끝나고 인사드리는 겁니다."

이런 경우, 학생이 홀연히 인사도 없이 사라지는 경우가 부지기수다. 게다가 전공과 전혀 상관없는 교양과목 선생에게 깍듯이 인사하며 가는 학생은 극히 드물다. 근래 들어 강의하는 일이 힘들다는 생각을 하던 차인데, 이 학생 때문에 마음이 한결 따뜻해졌다.

다른 선생님들에게 이런 말을 하고 싶다. "선생님들! 극소수의 몇 명 때문에 힘들어하지 마십시오. 교권이 추락하는 세상이어도 당신의 손길을 기다리는 순수한 아이들이 더 많이 있습니다. 힘내십시오!"

비구니 스님의 주례사

:

　　20년 전, 대학 동아리 불교학생회 지도법사를 맡은 적이 있다. 당시 친하게 지낸 학생들이 몇 있었고, 근 20년간 지속적으로 연락하는 학생도 몇 있다. 지금은 학생이 아닌 40세 전후의 아저씨들이지만 말이다. 그만큼 세월이 흘렀다는 뜻인데, 나이를 먹었음에도 이 젊은 아저씨(제자)들을 볼 때마다 당시 학생이던 모습들이 떠오른다.

　연락하는 제자 중에 결혼을 앞둔 제자가 있었다. 그 제자는 몇 년 전부터 결혼할 때 주례를 내게 부탁한다고 했다. 주례를 설 만큼의 위치가 아니라고 생각해 처음에는 사양했는데, 내심 나에 대한 마음이 고마워 덜컥 승낙을 해버렸다. 그래서 고민되었지만 평소 생각해왔던 삶에 있어서의 인간의 도리를 언급하기로 하고 다음과 같은 문장을 만들어 보았다.

"동물 중에서 털이 날카롭고 뾰족하기로 유명한 고슴도치가 있습니다. 이 고슴도치는 몸길이가 23~32cm, 꼬리길이가 약 18mm나 되고, 네 다리는 짧고 뭉툭한 몸집을 가졌다고 합니다. 얼굴 및 몸의 배쪽, 꼬리, 네 다리를 제외하고는 온몸에 날카로운 침모양의 털이 촘촘히 있습니다.

어느 고슴도치 두 마리가 우연히 만나 사랑이 싹트기 시작했습니다. 처녀와 총각이던 두 고슴도치는 잠시도 떨어져 있기 싫어 함께 살기로 했습니다. 날씨가 화창한 어느 가을 날, 두 고슴도치는 숲속의 동물들과 새들을 모아놓고 거창한 결혼식을 올렸습니다. 혼자 사는 것보다 함께 살면 행복할 거라고 굳게 확신할 만큼 그들은 매우 사랑했던 것입니다.

그런데 두 고슴도치가 결혼한 지 채 3개월도 되지 않아 틈이 일기 시작했습니다. 그 넓던 집이 점점 좁아 보이고, 그 아름답던 상대방이 더 이상 천사가 아닌 악마로 보였습니다. 아내 고슴도치는 차라리 혼자 사는 것이 더 나을 거라고 생각하며 남편에 대한 불만이 점점 커져만 갔습니다.

어느 날 고슴도치 부부를 잘 아는 친구가 방문했습니다. 이 친구는 아내 고슴도치에게 "결혼생활에 무엇이 그렇게 불만스럽냐?"고 물었습니다. 아내는 "남편 고슴도치의 털이 너무 뾰족하고 털이 많아 나를 자꾸 찔러 더 이상 아픔을 당하기 싫다"고 답했습니다.

다음은 이 친구가 남편 고슴도치를 따로 불러 결혼생활에 무엇이 불만이냐고 물었습니다. 그런데 남편도 아내와 똑같은 불만을 늘어놓는 것이 아니겠습니까?

"나도 참을 만큼 참았어. 더 이상은 참을 수 없어. 아내 고슴도치의 날카로운 털이 나를 자꾸 찌른다고."

앞으로 함께 살아갈 부부, 지금까지 함께 살고 있는 부부도 이 고슴도치들과 같지 않을까 싶습니다. 우리 모두 상대방이 자신을 찌른 것만 생각하지 자신이 상대를 찌른 것은 염두에 두지 않기 때문입니다. 즉 자신이 상대방에게 피해 준 것은 까마득히 잊고 상대방에게 피해 받은 것만 마음에 두기 때문에 상대방에게 불만이 쌓여가는 겁니다. 또 자신이 상대방에게 베풀려고 하지 않고 상대방이 자신에게 베풀기만을 바라기 때문에 불화가 생기는 것입니다.

오늘을 기점으로 부부가 되는 신랑, 신부는 먼저 이런 생각을 하십시오. 자신이 상대방에게 베풀었거나 사랑해주었던 일은 다 잊어버리고, 상대방이 내게 베풀고 사랑해주었던 것만 마음에 저장하는 겁니다.

지금 이 시각부터 신랑과 신부는 각각 통장을 하나 만드십시오. 그 통장에는 지출코너는 만들지 말고 수입코너만 만드는 겁니다. 곧 상대방에게 베풀었던 것은 기입하지 않고, 상대방에게 받은 것만 기록하는 겁니다. 간혹 상대방에게 섭섭하거나 두 사람이 힘들 때, 각자 통장기록을 보십시오. 적어도 이런 수입통장만 갖는다면 두 사람은 이 세상에서 가장 아름다운 황제요, 황후가 될 것입니다.

부모나 자식, 형제는 태어나면서부터 운명인 인연입니다. 부모가 마음에 들지 않는다고 바꿀 수 없고, 자식이 마음에 들지 않는다고 다른 사람과 바꿀 수 없습니다. 그런데 부부는 아닙니다. 운명적인 만남인 것 같지만 서로를 선택했습니다. 지금 내 앞에 있는 신랑은 신부를 아내로 선택했고, 신부 또한 신랑을 남편으로 선택했습니다. 그 선택에는 반드시 책임감이 수반되어야 한다는 사실을 자각해야 합니다. 인생을 함께 살아갈 배우자를 선택한 만큼 신랑은 신부에게, 신부는 신랑에게 최선을 다하는 것입니다.

혹 살면서 부부에게 좋지 않은 일이 생겼을 때입니다. 불합리한 일이 발생했을 때, 그 원인을 자신의 잘못으로 여겨야 합니다. "내가 이해력이 부족했나 보다, 내 인격이 저 사람에게 미치지 못했나 보다, 아무 일도 아닌 걸로 내가 오해했구나…"라고 자신의 결점을 먼저 탓해야지, 상대방을 탓하거나 비난한다면 절대 문제해결이 되지 않을 것입니다. 그러니 각자 자신의 부족함을 먼저 염두에 둔다면, 두 사람은 이 세상에서 가장 멋진 부부가 될 것입니다.

결혼이 절대 두 사람만의 결합이라고 생각하지 않습니다. 한 집안과 한 집안이 만나는 것입니다. 신랑은 장인, 장모를 친부모 이상으로 섬겨야 하고, 신부도 시부모님을 친정부모보다 더 잘 모셔야 합니다. 신랑, 신부 각각이 상대방의 부모와 형제를 잘 섬기는 것 또한 부부로서의 도리요, 부부가 행복하게 살아가는 요인 가운데 하나라고 봅니다.

신랑신부는 오늘 이후로 부부라는 이름으로 살아갑니다. 부부간에 문제가 생기면 다른 사람들을 개입시키지 말고, 먼저 두 사람이 해결해야 합니다. 또 친척들 사이에서나, 시부모·장인장모 사이, 친구관계에서 설령 좋지 않은 일이 발생할지라도 두 사람이 먼저 똘똘 뭉쳐야 합니다.

이러기 위해서는 서로에 대한 신뢰가 중요하다고 봅니다. 오늘 이 주례사 내용 가운데, 마지막으로 말한 부부간의 신뢰는 인생을 살아가는 데 가장 중요한 요인이라고 봅니다.

인생에서 위대한 성공은 부와 명예가 아닙니다. 바로 인간관계인데, 부부의 금슬은 인생에서 최고의 행복이요, 최고의 성공이라고 생각합니다. 부디 행복하기를 바랍니다."

현재 함께하는 사람에게 올인하라

:

중국 당나라 때, 도가 매우 높은 선사가 있었다. 선사의 도가 높다고 소문이 나 있어 찾아오는 사람이 많았다. 어느 날, 멀리서 한 스님이 찾아와 선사에게 물었다.

"스님께서는 도가 매우 높다고 들었는데, 도를 닦을 때 어떤 공력을 들입니까?"

"배고프면 밥 먹고, 피곤하면 곧 잠을 잡니다."

"모든 사람들도 그렇게 합니다. 다른 사람들도 스님처럼 공력을 들인다고 할 수 있겠네요."

"그것은 저와 같지 않습니다."
"어째서 같지 않습니까?"
"그들은 밥 먹고 있을 때 밥은 먹지 않고 쓸데없는 생각에 골몰하고, 또 잠을 잘 때에도 자지 않고 이런저런 꿈을 꿉니다. 이렇기 때문에 나와 같지 않습니다."

이 글을 읽는 독자는 도 높은 선사를 거론하면서 "배고프면 밥 먹고, 피곤하면 잠을 잔다"는 게 무얼 말하는지 당황스러울 것이다. 이 말은 바로 무엇을 하든 어디에 처해 있든 '늘 현재에 충실하라'는 뜻이다.

어제의 나는 없다. 그리고 미래의 자신은 존재하지 않는다. 현재 내가 무엇을 하고 있는지에 마음을 두라는 의미이다. 예를 들어 저녁에 가족들과 둘러앉아 식사를 한다고 가정해보자. 가족의 소중함을 인식하고, 부모님 말씀에 귀 기울이며 형제들과 식사하는 순간은 모든 것을 잊고 가족과 하나가 되는 일이다.

또 지금 그대가 이성친구와 대화를 하고 있다. 그런데 그대가 이성친구의 말을 건성으로 듣고 다른 친구와의 일을 떠올린다면 아마도 그대는 이성친구와 헤어지게 될 것이다. 그 이성친구와 함께 하는 순간은 오롯이 그 친구에게 올인하라. 지금 현재 이 순간에 살지 않는다면 그대와 상대방을 진정으로 바라보는 것이 아니다.

내가 이 글을 작성하면서 염두에 둔 테마가 있다. 바로 스마트폰이다. 학생들이 수업시간에 스마트폰 사용하는 일이 점점 심각해진다. 근래에는 강의 도중 스마트폰 사용자가 자주 눈에 띄어 강의의 흐름이 깨질 정도이다.

대학공부는 학생의 인생에서 가장 소중한 시간이다. 공부할 때는 오로지 공부에만 몰두하라는 뜻이다. 당연히 놀 때는 공부는 다 잊고 노는 일에 몰두하면 되지 않을까?

무엇을 하거나 어떤 상황에 처했을 때 그 일과 그 시간에 충실하게 집중해야 한다. 한곳에서 충실한 사람은 시간과 장소가 옮겨지더라도 또 다른 사람과 그 일에 충실하게 되어 있다. 너무 멀리서 찾지 말라. 그 순간의 충실함이 그대에게 사랑과 행복을 가져다줄 것이다.

근래 들어 사람들은 힐링이라는 테마로 템플스테이를 찾아다니거나 명상을 하려고 한다. 굳이 조용한 장소로 옮겨가야 치유가 되고 명상이 가능한 것은 아니다. 바로 현재 하고 있는 것에 대한 오롯한 진실함, 바로 이것이 명상이다. 즉 배고프면 밥 먹는 일에 집중하고, 피곤하면 망상 없이 잠을 자는 단순함이 명상의 한 단면이라고 할 수 있다. 카르페 디엠 carpe diem! 현재를 즐겨라!

인생의 소중한 가치란 무엇인가

⋮

　우리는 삶을 살아가면서 무엇을 가장 가치 있다고 생각하는가? 필자는 학생들에게 과제를 부과할 때, 자신의 가치관에 대해 서술해 보라고 한다. 학생들이 가치관을 통해 자신이 살고 있는 삶의 길에서 인생의 이정표를 만들어보고, 다시 발돋움하는 계기를 만들게 하고 싶었다. 어쨌든 단순한 가치관이 아니라 '인생의 소중한 가치관은 무엇인가? 그리고 그 가치관에 수반되어 내면의 어떤 힘을 길러야 하는가?' 등을 구체적으로 써보라고 한다.
　가치관, 이는 바로 자아自我의 발전을 위한 모색이다. 자아가 추구하는 것이 무엇인가를 먼저 알아야 한다. 불교에서 말하는 마음(自我)을 말하는 것이요, 긍정, 자신감, 행복, 희망 등등 어떤 가치관이라고 할지라도 모두 마음의 힘에서 출발하기 때문이다. 바로 자신이 서 있는 현재의 언저리를 되살피는 일은 중요하다. 대략 100여 개의 과제물을 읽으면서 언급된 인생의 소중한 가치에 대해 통계를 내보았다.

가족, 행복, 자기애, 신뢰, 인간관계(우정), 사람, 희망, 건강, 긍정 마인드, (미래에 대한) 꿈, 열정, 사랑, 정직, 성실, 자기만족, 배려, 효, 시간, 경험, 체험, 약속, 책임, 도전, 목표, 자신이 하고 싶은 일을 하는 것, 하루하루 최선을 다하는 삶, 평정심, 추억, 절제, 마음가짐, 인생의 성공, 진취성, 준비, 초심初心, 현재, 학문적인 지향, 현재 생활에서의 만족, 자유와 평등, 생명, (인간의) 도리, 시와 소설, 지루하지 않은 평범함.

학생들 중에는 조용하게 논밭을 일구며 살고 싶다는 학생도 있었고, 후에 어른이 되면 남에게 베푸는 일을 하고 싶다, 어려운 학생들에게 장학금을 주는 일을 하고 싶다는 학생도 있었다. 어떤 학생은 행복을 가치관으로 말하면서 '나의 행복을 추구하기 위해서는 다른 사람의 행복 또한 중요시해야만 비로소 행복한 것'이라고 하였다.

어떤 학생은 긍정적인 마인드를 인생의 가치관으로 삼았는데, '긍정적인 마인드를 가지니 좋은 일이 생길 뿐만 아니라 사람과의 관계에서 충돌이 덜 생기며 외모까지 변하는 것 같았다'고 서술했다. 실은 이 학생은 1년여 간 꾸준히 명상을 하는 학생이었다. 또 어떤 학생은 실패와 슬픔이라는 의외의 답이 나왔다. 즉 힘들고 어려운 일을 겪은 뒤에 얻은 실패와 슬픔이 새로운 인생계획을 세울 수 있는 밑바탕이 된다는 것이다. 그 가치를 위해 길러야 하는 내면의 힘으로는 노력, 인내, 끈기, 믿음, 포기하지 않는 용기, 배려, 양보, 자제력, 이해심, 약속, 의지, 긍정마인드, 봉사활동, I can do(나는 할 수 있다) 정신, 최선을 다하고 결과에 연연하지 않는 것, 호흡과 명상 등이다. 또한 '우선 모든 화살을 자신에게 돌리는 습관을 가져야 한다'라고 하며 명상을 통해 마음의 안식을 느낀다고 답변했다.

어쨌든 학생들이 여러 가지를 언급했는데, 나는 학생들 자신의 미래, 진취성에 관한 내용이 주를 이룰 것이라고 생각했다. 그런데 예상은 많이 빗나갔다. 대체로 20대 초반의 학생들인데도 더 이상 애들이 아니었으며 사려 깊은 훌륭한 학생들이 많았다.

학생들이 소중한 가치관을 통계로 보니, 가장 많이 나온 답변은 가족과 행복이었다. 가족의 소중함을 언급하면서 행복은 바로 가족과의 만남이라고 언급한 학생들이 많았다.

효를 강조하면서 '내게 최고의 가치는 부모님을 행복하게 해드리는 것'이라고 언급한 학생도 있다. 가장 감명 깊었던 학생이 있다. 이 친구는 '생명과 사랑을 소중히 여기는 교육자가 되고 싶다'고 하면서 이런 가치관은 부모님을 통해 배웠다고 하였다. 이 부분을 읽으면서 나는 이 학생의 부모도 교육자라고 생각했다. 그런데 그다음 줄에서 반전이 있었다. 이 학생이 쓴 내용을 대략 옮겨 보기로 한다.

> 사랑과 생명을 소중히 여기는 교육자가 되고 싶어진 것은 순전히 부모님의 영향 때문이다. 우리 부모님은 내가 다니던 고등학교 근처에서 장사를 하신다. 하지만 나는 이런 부모님을 친구들 앞에서 부끄럽게 여기지 않았다. 나를 위해 헌신하는 부모님인데, 왜 부끄럽겠는가? 부모님은 내 자랑이고 자부심이다. 부모님께서 나를 위해 애쓰시고 양육시킨 만큼 난 잘 성장하고, 잘되어야겠다는 생각을 늘 하였다.

필자는 스님으로 30여 년을 살아온지라 생활관이나 가치관이 늘 홀로임에 깊숙이 길들여져 있다. 이런 내게도 그 학생의 과제물은 감동 그 자체였으니 무슨 말이 더 필요하랴. 어린 학생들의 과제물을 읽으면서 인생공부를 많이 한다. 가치관에서 가족과 친구와의 인연을 언급한 학생들에게는 이런 답변을 해준다.

"스님이 일전에 이런 책을 읽었어요.《천국에서 만난 다섯 사람》이란 책인데, 학생도 꼭 읽어보았으면 합니다. 책 속에 이런 내용이 있어요. '우리가 인연 맺고 있는 모든 사람이 이전에 한 번쯤은 만난 사이며, 직접으로나 간접적으로 서로 영향을 주고받는다'는 구절이에요. 또 '타인이란 아직 미처 만나지 못한 가족일 뿐이다'라는 명구도 있어요. 불교의 진리는 우리가 인연 맺고 있는 친구나 친척은 모두 전생에 밀접한 가족이라고 합니다. 그러니 부모님, 형제, 친구 등은 소중한 존재인 것입니다. 소중한 존재끼리 정을 나누고, 소통하고 공감하는 인연으로 살아가는 것이 인생의 진정한 행복이 아닐까요?"

감사는
행복을 초대한다

⋮

감사만이 / 꽃길입니다

누구도 다치지 않고 / 걸어가는

향기 나는 길입니다

감사만이 / 보석입니다

슬프고 힘들 때도 / 감사할 수 있으면

삶은 어느 순간 / 보석으로 빛납니다

감사만이 / 기도입니다

기도 한 줄 외우지 못해도

그저 고맙다 고맙다 / 되풀이하다 보면

어느 날 / 삶 자체가

기도의 강으로 흘러

가만히 눈물 흘리는 자신을

보며 감동하게 됩니다

― 이해인, 〈감사 예찬〉

캘리포니아주립대학교의 로버트 에먼스 교수는 사람들에게 자신의 삶을 돌아보며 일주일마다 다섯 가지 감사했던 점을 찾아 간단한 일기를 두 달 동안 쓰게 하였다. 이 실험 결과, 감사일기를 쓰고 난 뒤 행복도가 25% 상승하였고, 동시에 마음이 긍정적인 경향으로 바뀌었으며, 건강에도 이상이 없었고, 평소에 운동을 잘 하지 않던 사람도 운동을 하게 되었다는 보도가 있었다.

또한 켄터키주립대학교의 네이선 디월 교수는 감사하는 마음을 연습하면 똑같은 스트레스 상황이 찾아와도 감사하는 마음을 연습하지 않은 사람에 비해 그 영향을 적게 받는다는 연구결과를 발표했다. 곧 감사하는 마음은 외부의 스트레스로부터 보호막을 형성해서 웬만한 스트레스는 쉽게 뚫고 들어오지 못하도록 심리적 저항력을 길러준다는 것이다.

1학기 교양과목 수업을 하면서 학생들에게 비슷한 과제를 내주었다. '자신이 이제까지 살아오면서 가장 감사했던 일을 세 가지 이상 나열하라'는 것이었다. 대강 쓰는 것이 아니라 어느 정도 구체성을 띠어야 한다는 조건을 붙였고, 마침 이 과제를 낼 때가 5월 중순인지라 가족에 대한 인연이나 사랑을 생각할 수 있는 시즌과 맞아 떨어졌다.

대부분의 학생들은 처음에는 자신에게 어떤 감사한 일이 있는지 몰라 난감해했는데, 과제물을 작성하면서 새로운 자신을 발견했다고 하였다. 대부분이 부모님께 감사를 했고, 형제, 친구, 고등학교 선생님, 대학 교수님 등 그저 우리 주위에 있는 사람들이 고마운 존재라는 것을 과제를 통해 느꼈다는 점이다.

학생들은 자신들이 주위 사람들의 도움으로 살아가고 있다는 것을 미처 생각하지 못했었고, 당연한 거라고 여기던 일에 자신도 모르는 사이에 감사하는 마음이 생겼다고 하였다. 또한 이런 감사 내용을 직접 작성하다 보니, 자신이 얼마나 행복한 존재인지를 알았다는 학생들이 많았다. 수강생들이 모두 착해서 그런 것이 아니다. 누구나 감사할 줄 안다면 행복을 발견하게 된다.

마침 이런 과제를 내고 읽으면서 기대 이상의 성과에 만족하고 있는 터에 미국에서 감사에 대한 실험결과를 읽게 되었다. 우연치고는 너무 기묘해서 고개를 끄덕일 수밖에 없었다.
　인생은 나 혼자 살아가는 것이 아니다. 밥만 먹는다고 사는 것이 아니지 않는가! 젊은 사람은 부모의 경제적 원조와 사랑이 있기 때문에 현재의 자신이 있는 것이며, 또한 학업을 도와주는 선생님, 고민을 털어놓고 인생을 발맞춰 나갈 수 있는 친구들이 있기에 인생을 값지게 살 수 있는 것이다.
　과제물 중 몇 개를 골라서 수업시간에 학생들에게 직접 읽어보라고 하였다. 이렇게 하다 보니, 긍정 마인드와 행복 상승효과가 더 커졌던 것 같다.
　행복이 과연 무엇이겠는가? 내 곁에 있는 사람을 감사하는 마음으로 대하는 인간적인 정情이 인생 최대의 행복이 아닐까? 감사하자!
　"내 곁에 당신이 있어 행복합니다."

당신의 인생이 다른 사람들을 기쁘게 해주었는가

:

저는 정말 죽고 싶지 않아요. 하지만 내 얘기를 통해 다른 이들이 삶을 중요하게 여기면 그걸로 충분합니다. 내 몸에 퍼진 암덩어리는 별로지만 삶은 멋진 것입니다.

어른이 한 말이 아니다. 19세에 암으로 사망한 젊은 청년의 말이다. 그는 영국인 스티븐 서튼이다. 영국 전 총리인 데이비드 캐머런은 작고한 이 젊은 청년에 대해 이렇게 말했다.

"그는 하루, 1시간, 1분조차 시간을 낭비하지 않았습니다. 그렇게 인생에 대한 열정과 목표에 대한 믿음을 가진 사람은 찾기 힘들 겁니다."

스티븐 서튼은 15세에 장암 판정을 받았다. 서튼은 시한부 선고를 받은 뒤 누군가에게 등짝을 걷어차이는 듯한 충격을 받았지만, 삶에 더 많은 애착을 느끼게 되었다고 한다. 그러면서 버킷 리스트를 작성하였다.

그는 46가지를 정해 실천해왔는데, 스카이다이빙, 서핑, 드럼공연 등 10대에 열정적으로 할 수 있는 일을 하며 죽음을 준비했다. 그의 열정적인 면에 반한 사람들이 치료비를 지원하겠다고 하자, 그는 다른 어린 암환자들을 위해 기부해달라고 하였다.

그의 버킷 리스트 가운데 하나가 모금운동이었다. 자신처럼 암으로 고통받는 환자가 조금이라도 고통을 덜 받고 치료받을 수 있도록 하는 모금이었다. 그 어린 청년은 모금운동에 대해 "인생에서 다른 사람을 위해 정말 즐겁게 하고 싶은 일이 모금이었고, 온 정신을 집중해서 하고 싶었던 일이었죠"라고 하였다.

어린 나이에 암에 걸리고도 자신 또래의 어린 암환자들을 위해 모금운동을 벌임으로써 그는 전 세계 많은 사람들의 가슴을 뭉클하게 만들었다. 처음 자신이 목표로 했던 1만 7,000달러를 훨씬 뛰어넘는 540만 달러(약 55억 3,600만 원) 이상의 기금을 모았고, 모금액은 모두 어린 암환자들을 위해 기부되었다. 병세가 악화되면서는 모금운동에 더 적극적이었다. 하지만 정작 자신은 암과의 싸움에서 이기지 못하고 말았다.

몇 년 전부터 이 청년에 대해 뉴스를 통해 알고 있었지만, '그런 훌륭한 청년이 있구나' 정도로만 생각했는데, 감회가 새로워진 계기가 있다. 2014년 4월 16일 진도에서 배가 침몰해 300여 명의 어린 학생들과 사람들이 죽어가는데도 그 생명들은 내팽개치고, 오직 자신만 살겠다고 배를 탈출하는 선장과 선원들. 물론 이런 국가적 재난은 모두의 책임이겠지만, '어찌 그럴 수 있을까' 한숨만 되풀이하게 된다.

우리 모두는 소중한 존재이다. 하지만 타인에 대한 배려가 수반되어야 자신의 소중한 존재가 입증된다고 생각한다. 타인과 더불어 공존의 삶을 지향해야 한다.

스티븐 서튼이 죽어가면서도 모금운동을 했던 것은 세상을 의미 있게 살고 싶고, 남을 위해 헌신하고 싶은 아름다운 마음씨에서 발단했다고 본다. 이는 불교에서 말하는 자리이타自利利他다. 〈버킷리스트〉라는 영화 속 의미 있는 대화를 소개하며 이 글을 마치고자 한다.

고대 이집트 속담에 사람이 죽어 영혼이 하늘에 올라가면,
신이 두 가지 질문을 한다고 한다.
하나는 '인생에서 기쁨을 찾았는가?',
두 번째는 '당신의 인생이 다른 사람들을 기쁘게 했는가?'.
이 두 대답에 따라 천국으로 갈지,
지옥으로 갈지 결정된다고 한다.
이 글을 읽는 그대는 천국행입니까, 지옥행입니까?

실패해도
누군가 나를 믿어준다면

:

'갑질'이란 단어가 원래 있었던가? 별로 즐겁게 들리는 단어는 아닌 것 같다. 짧은 인생에 좋은 말만 듣고, 행복한 단어만 사용해도 모자랄 텐데 부정적인 단어가 사회에 만연되어 있다.

일명 땅콩회항 사건에서 항로변경죄가 인정되었을 때 재판부는 "인간의 존엄과 가치, 자존감을 무너뜨리고 조직이 한 사람을 희생시키려 한 사건"이라며 "인간에 대한 최소한의 배려심으로 직원을 노예처럼 여기지 않았다면 발생하지 않았을 사건"이라고 전했다. 판결문에 인간 존엄에 대한 가치가 등장했다는 자체가 그나마 위안을 준다.

옛날 인도, 부처님께서 사위성 시내에서 탁발을 하는 도중, 동네 청년들이 막대기로 뱀 한 마리를 두들겨 패는 것을 보았다. 부처님께서 그들에게 '무엇을 하느냐?'고 묻자, 동네 청년들은 '뱀이 우리를 물까 봐 막대기로 치고 있다'고 했다. 그러자 부처님께서 말씀하셨다.
"만약 너희가 해침을 당하고 싶지 않다면 너희도 다른 이를 해쳐서는 안 된다. 만약 너희가 다른 이를 해친다면 너희는 결코 행복할 수 없다. 자신도 행복을 추구하면서 행복을 추구하는 다른 사람에게 피해를 준다면, 그는 미래에 결코 행복할 수 없다."

우리 모든 인간, 아니 생명 있는 모든 존재는 행복하기를 바라고, 고통받고 싶어 하지 않는다. 자신이 행복을 추구하는 것처럼 누구나 행복을 추구한다. 그런데 하물며 남의 행복을 짓밟아서야 되겠는가? 우리 눈에 보이는 것이 다가 아니고, 듣는 것이 다가 아니다. 내가 상대에게 베풀어준 만큼 그 대가는 반드시 있는 것이요, 상대에게 해를 끼친 만큼 다시 부메랑이 되어 고통스러운 일을 당하게 되어 있다. 상대의 인격을 함부로 하면서 어찌 자신의 인격적인 대우를 바라는가?

하와이 군도 북서쪽 끝 작은 섬으로서, 인구 3만 명에 불과한 카우아이 섬은 한때 어려움과 좌절로 가득 차 있었다고 한다. 에미 워너 교수는 이 섬에서 가장 불행하고 가난한 환경에 처해 있는 아이들 833명을 10년가량 추적해 조사했는데, 그 결과는 놀라웠다. 불우한 환경, 심각한 어려움, 질병 등에 노출되어 있는 아이들이 모두 비행청소년으로 성장했을 것이라고 예상했는데, 그렇지 않았다. 아이들 중 1/3은 모범적인 청소년으로 성장했고, 반듯한 청년도 있었다. 교수가 그들의 공통점을 살펴보니, 그들에게는 자기를 알아주는, 끝까지 자기편이 되어 용기를 북돋아주는 사람이 주위에 있었다. 곧 실패하고 좌절해도 자신을 믿어주는 사람이 있거나, 가난하고 초라하지만 인격적인 대우를 받은 아이들은 밝게 자라 있었다.

모든 인간은 평등한 존재요, 누구나 행복할 권리를 갖고 있다. 돈이 많다고 행복하고, 직위가 높다고 행복한 것은 아니다. 정당한 인격적 대우, 인간적인 배려를 받을 때 인간은 존엄한 것이요, 이것이 바로 행복의 출발점이라고 본다.

큰 불길도 처음에는
작은 불씨에서 비롯된다

:

우리나라 야구선수 박찬호는 미국에서 선수로 뛰던 시절, 힘들 때 이런 메시지를 마음에 품었다고 한다.
"적은 밖에 있는 것이 아니라 내 안에 있다. 나를 극복하는 순간 나는 칭기즈칸이 되었다."
그만큼 칭기즈칸Chingiz Khan(1162~1227)은 시대를 초월해 많은 사람들에게 정복군주라기보다는 영웅적인 이미지로 남아 있다. 이 칭기즈칸은 세계 역사상 가장 많은 영토를 차지했던 왕으로 고려뿐만 아니라 수많은 나라를 정벌하였다. 몽골족이 지나간 자리에는 개미새끼 한 마리 남지 않았다는 말이 전할 만큼 몽골족은 잔인한 민족이었다. 유럽을 정복할 때 페스트를 전염시켜 수많은 사람을 살육하였으니, 세계 역사상 손꼽힐 만큼 비극적인 전쟁을 일으킨 것이다. 그런데 칭기즈칸이 세계 역사를 바꿀 만큼의 전쟁을 일으킨 발단이 무엇일까? 그 원인은 의외로 단순하다.

기록에 따르면, 1218년 칭기즈칸은 450명의 대규모 상단을 조직해 호라즘(현 우즈베키스탄 북서쪽)으로 파견하였다. 그런데 상단이 현 카자흐스탄 시르다리야 강변 부근 도시에 이르렀을 때, 예상치 못한 사건이 발생했다. 상단 인원 가운데 인도 사람이 있었는데, 그는 그 도시의 장관과 오래전부터 지인이었다. 인도인은 장관을 만나자마자, 매우 기뻐서 의례적인 인사조차 생략하고, 이름을 부르며 친분을 과시했다. 인도인과 장관이 만나 대화를 하는 와중에 인도인은 칭기즈칸의 영웅적인 면모를 자랑하기 시작했다.

장관은 그렇지 않아도 그가 자신에게 무례하게 인사했다고 섭섭히 생각하던 차, 칭기즈칸까지 들먹이자 450명의 상단을 모두 체포하였다. 마침 그 나라 국왕 무하마드도 칭기즈칸이 보낸 국서에 양국관계를 부자지간으로 표현한 것에 불만을 품고 있던 차였다. 이때 장관이 국왕에게 찾아와서 자신이 겪었던 일을 말하며, 상단의 모든 사람들을 체포해두었다고 보고하였다. 왕은 수백 명의 상단을 처형하고, 물자를 몰수하였다. 이들 중 겨우 목숨을 건진 사람이 도망가서 칭기즈칸에게 이 사건을 보고하자, 칸은 진상파악을 위해 사신을 파견하였다. 그런데 그 사신조차 살해되고 말았다. 칭기즈칸은 눈물을 흘리며, 산꼭대기에 올라 관을 벗은 채 바닥에 꼬박 사흘을 앉아 있었다. 칭기즈칸은 신에게 이런 기도를 하였다.

"전쟁을 일으키려는 뜻은 아닙니다. 저를 보우하사 복수할 힘을 주소서."

이렇게 세계 역사상 대규모의 큰 전쟁도 작은 사건으로 발단되었다. 하기야 밀림의 큰 산불도 담뱃불이나 작은 성냥개비에 의해 시작되는 법이다. 그래서 작은 것을 소홀히 하는 사람은 큰 일을 하지 못한다고 하였다. 작은 일을 소중히 다루는 마음가짐이 중요하다는 뜻이다.

사람 사이의 관계도 마찬가지라고 본다. 대체로 부부가 이혼하는 것도 작은 일에서 서로를 불신한 데서 시작하는 법이다. 부부만이 아니라 수십 년간 맺어온 친구와의 인연도 매우 사소한 데서 발단해 이별에 이른다. 그러니 사람 사이에 작은 행동에도 얼마나 조심해야 하는가! 무엇보다도 인연에서는 진심으로 대하는 소소한 마음이 중요하다고 생각한다.

진실하지 못한 사람은 깨진 그릇과 같다

:

기원전 600년 무렵 부처님께서는 인도에서 왕자 신분으로 태어났지만 출가하려는 마음이 간절했다. 29세에 출가하려고 왕궁을 나서려는 찰나, '아들이 태어났다'는 말을 전해 들었다. 부처님은 '장애(라후라)가 생겼구나!'라고 혼자 말했는데, 이 말이 곧 아들 이름이 되었다. 부처님은 과감히 출가했고, 6년 만에 위대한 성자가 되었다. 얼마 후 부처님은 고향을 방문해 왕궁 사람들에게 진리를 설해주었다. 부처님은 고향을 떠나오면서 7살 아들을 데려다 동자스님으로 만들었다.

라후라는 '부처님의 아들'이라는 아만심으로 가득 차 다른 제자들을 멸시하는 태도를 드러내 부처님께 훈계를 듣기도 하였다. 라후라는 어른들만 있는 가운데 어린아이였던지라 매우 무료해 있던 차, 어느 수행자가 와서 '부처님이 어디 계시냐?'고 물었다. 라후라는 그 수행자를 골탕 먹일 심상으로 부처님이 동쪽에 계시는데도 '서쪽에 계신다'고 거짓말을 하였다. 또 다른 수행자가 와서 '부처님이 어디 계시냐?'고 물으면, 부처님이 북쪽에 계시는데도 '남쪽에 계신다'고 거짓말하였다. 이런 일이 여러 번 거듭되자, 라후라는 점점 재미있어 했고, 주위의 스님들은 불만이 커져갔다.

결국 부처님께서 라후라를 불렀다. 부처님은 라후라에게 대야에 물을 떠오라고 한 뒤, 당신의 발을 씻겨 달라고 하셨다. 라후라가 부처님 발을 다 씻겨드리자, 부처님은 라후라에게 말했다.
"이 대야의 물을 마셔 보아라."
"마실 수 없습니다."
"왜 마실 수 없느냐?"
"발을 씻은 더러운 물이기 때문입니다"
"사람도 마찬가지이다. 더러운 물을 사람들이 마실 수 없는 것처럼, 수행자가 수행에 힘쓰지 않고, 거짓말을 일삼는 것은 진정한 수행자라고 할 수 없다. 너는 거짓말을 재미 삼아 하고 있으니, 마치 더러운 물을 마실 수 없는 것처럼 사람도 마찬가지다. 진실되지 못한 사람은 쓸모없는 사람이다. 네가 이렇게 쓸모없는 사람이 되어서야 되겠느냐?"

그런 뒤 부처님께서는 대야를 던져 깨뜨렸다.

"라후라야! 저 깨진 대야에 물을 다시 담을 수 있겠느냐?"

"담을 수 없습니다."

"라후라야, 너도 이 깨진 그릇과 같다. 출가를 해서 거짓말을 하는 것은 깨진 그릇에 물을 담을 수 없는 것과 같다. 네가 비록 나이가 어리지만 행동을 조심하지 않고 거짓말로 주위 사람을 괴롭혀 왔다. 그러니 누구에게도 사랑받지 못하고 인정받지 못한 것이다. 앞으로 매사에 조심해야 한다."

이후 라후라는 열심히 수행하여 훌륭한 성자가 되었다.

인간의 진실함이란 바로 인성을 뜻한다. 성공이 인생의 목적이 아니라 훌륭한 인성을 갖추는 것이 진정한 성공이다. 학교에서 학생들을 상대하면서 지식이 중요한 게 아니라 인성교육이 중요함을 깨닫게 된다. 그렇지만 대학교육은 이상과는 동떨어져 있는 것 같다. 이상보다 현실을 수용해야 하는가? 괜한 한숨이 나온다.

인성교육과 용서

:

　　이 세상에서 가장 보람된 일 가운데 하나를 꼽으라고 한다면 가르치는 일이라고 생각한다. 사람의 영혼에 자양분을 주는 일이 아닌가! 맹자와 공자도 사람으로서 꼭 해야 할 일을 교육이라고 하였다. 두 성인의 인생관 속에 담긴 교육사상이 유사하다.
　　맹자는 군자에게 인생에서 세 가지 즐거움(人生三樂)이 있는데, 첫째는 부모가 모두 살아 있고 형제들이 아무런 일 없이 건강한 것, 둘째는 하늘을 우러러 한 점 부끄럽지 않고 땅을 내려다보아 남에게 창피하지 않게 사는 것, 셋째는 천하의 똑똑한 영재들을 모아 그들을 가르치는 것이라고 하였다.

다음, 공자의 교육관이다. 공자는 제자들과 함께 여러 나라를 떠도는 중에 위나라에 들어갔다. 그곳은 당시 매우 번화한 거리였다. 공자가 길가의 풍경을 유심히 살핀 뒤에 말했다.
"이곳은 사람이 적지 않구나."
그 옆에 있던 제자가 물었다.
"스승님, 인구가 충분하다면 다음으로 그들에게 해줘야 할 일이 무엇입니까?"
공자가 두 글자로 간단히 답했다.
"부자로 만들어야지(富之)."
"부자가 된 다음에는 어떻게 하지요?"
이번에도 공자는 두 글자였다.
"가르쳐야지(敎之)."
맹자는 인생의 3락 가운데 그 하나를 교육이라고 보았고, 공자는 사람으로서 해야 할 일 가운데 하나가 교육이라고 하였다. 두 성인이 말하는 교육이란 단순히 학문을 가르치는 것이 아니라고 본다. 인격을 완성시키는 것, 곧 인성교육이었을 것이다. 삶의 올바른 길이 무엇인지, 인생에서 무엇이 소중한 것인지, 정의로운 삶이 무엇인지를 알려주는 일이다. 우리나라도 인성교육을 강화해 구체적인 시도를 하고 있다. 필자도 대학생을 가르치고 평가하면서 시험 잘 보는 것만으로 학점을 주지 않는다. 인성적 요인을 강조하고, 성실성으로 최선의 노력을 기울인 학생을 먼저 배려한다.

이런 생각을 깊이 하게 된 것은 참다운 교육자를 해외기사에서 발견해서이다. 하버드대학교와 스탠퍼드대학교 합격증을 위조한 한인 여학생이 있었다. 한국에서는 명문대에 갔다고 대서특필까지 되었는데, 이 뉴스가 거짓으로 밝혀진 것이다. 그녀의 아버지가 사과를 했지만, 그녀에 대한 비난은 여전했다. 이때 그녀의 고등학교 교장 선생님이 학교 페이스북에 이런 글을 올렸다.

"그녀의 아버지가 사과한 뒤에도 언론에서 그 아이의 실수를 언급하는 것은 우리들 인간성의 슬픈 단면을 보여준다. 아이들이 자신의 실수를 수용해 불명예를 교훈으로 삼는다면 용서받아야 한다. 학교는 더 나은 사회를 위해 젊은이들에게 스트레스를 어떻게 관리하고, 자신의 실수를 만회하여 바른 어른으로 성장토록 책임져야 한다."

교장 선생님의 말에 깊이 공감한다. 학생들이 자신의 잘못을 인정한다면 용서해주고, 재기할 수 있도록 기회를 주는 것이 교육자의 역할이라고 본다. 교육현장에서 쉽지 않은 일지만, 아이들에게 진심으로 대하면 진심을 받아들이게 되어 있다.

영원한 우정과 신뢰

:

오래전 미국에서 이런 발표가 있었다. 대체로 사람들은 4~5년을 주기로 주위 사람들과의 인연이 바뀐다는 내용이다. 이사를 하거나 직장을 옮기는 등 여러 요인에 의해 친하게 지내는 사람들이 바뀐다는 것이다. 필자 생각으로는 주변 사람들이 바뀌는 큰 원인은 여일하지 못한 인간의 마음 때문이다. 한비자는 '인간은 본질적으로 이익을 지향하는 존재'라고 하였다. 대체로 사람들이 이익에 따라 인연 맺는 경향이 강하기 때문에 자신의 이익과 맞지 않으면 상대와 멀어지는 경우가 적지 않다.

그러니 그 반대로 이익관계가 아닌 진심으로 교감을 나누는 벗이 있다면 인생의 큰 행복이라고 생각한다. 부처님도 세상 사람들이 살아갈 때나 승려가 수행하는 데 있어 좋은 인연 맺을 것을 강조하셨다.

처음 맺은 인연을 한결 같이 이어가기란 쉽지 않은 일이다. 그런데 부처님 제자 가운데 처음 맺은 인연을 끝까지 지켜간 사람이 있다. 바로 사리불 스님이다.

부처님이 성불한 지 얼마 되지 않은 때라서 제자가 많지 않았는데, 이 가운데 앗사지 스님이 있었다. 사리불 스님이 길을 지나다 마침 탁발을 하고 있던 앗사지 스님을 만나게 되었다. 사리불이 앗사지의 수행자다운 기품 있는 위의에 감탄하여 앗사지에게 먼저 다가가 인사를 한 뒤, 물었다.

"그대는 누구의 제자입니까?"

"저는 석가모니 부처님의 제자입니다. 부처님은 '인연에 의해 생긴 모든 법은 인연이 다하면 멸한다'라고 가르칩니다."

앗사지는 부처님의 여러 진리를 사리불에게 말해주었다. 이 말을 들은 사리불이 처소로 돌아가자마자, 친구(목련 존자)에게 낮에 있었던 일을 들려주었다. 마침내 사리불은 친구와 함께 부처님을 찾아가 제자가 되었다. 사리불과 친구(목련)는 부처님의 제자가 된 이래 현 시대에 이르기까지 매우 존경받는 분들이다.

그런데 사리불 스님은 출가한 이래 앗사지 스님이 자신을 부처님에게 인도해준 스승이라며 늘 존경을 표했다. 사리불은 수행하면서 어느 장소로 옮겨갈지라도(인도 수행법에서 승려들은 한곳에 정주하지 않고 옮겨 다닌다) 잘 때는 앗사지 스님이 있는 방향에 대고 인사를 올렸고, 앗사지 스님이 머물고 있는 쪽을 향해 발을 뻗지 않았다고 한다.

상대방이 열 번 잘해주고 한 번만 섭섭하게 대해도 원망하는 것이 인지상정이다. 앞에서 언급한 대로 이익에 따라 움직이는 경향이 있기 때문이다. 그런데 사람의 인연이라는 것이 어찌 상대방에게만 문제가 있겠는가? 공자는 "일이 잘못되면 군자는 제 탓을 하고, 소인은 남을 탓한다"고 하였다. 자신의 문제점은 합리화하고, 상대만을 원망하니 인연이 이어지지 않는 것이다. 자신에게도 문제가 있음을 인지해야 한다. 그러할 때 대인관계가 조금이나마 원만해질 것이다.

즐거운 명절 즈음, 고향에서 친척을 만나고 옛 지인들을 만나면 먼저 손을 내밀고, 손해 볼 생각을 해보라. 상대방도 그대의 마음을 알아주고, 신뢰로 보답할 것이다.

아낌없이 주는
나무

:

　　한 소년이 사과나무 밑에서 놀고 있다. 소년이 열매를 따먹고 점차 자라나서 청년이 되어 결혼을 하였다. 청년은 그 신부와 함께 살 집을 구하기 위해 사과나무 가지를 잘랐다. 그리고 또 세월이 흘러 청년은 장년이 되어 사과나무를 통째로 베어 배를 만들어 먼 나라로 여행을 떠난다. 또 세월이 흘러 이 장년은 늙은이가 되어 돌아온다. 노인은 기력이 쇠퇴하여 자신에게 아낌없이 주었던 사과나무 그루터기에 조용히 앉아 쉰다.
　　실버스타인의 그림책 《아낌없이 주는 나무》의 내용이다. 어릴 적에 읽었던 책이다. 어른이 된 뒤에도 말년에 노인이 그루터기에 앉아 쉬는 모습이 오랫동안 각인되어 있다. 왜 마지막 장면이 오랫동안 마음에 남아 있던 걸까? 아마도 어린 마음에, 이기적인 인간과 상반된 나무가 불쌍했기 때문이었으리라. 한쪽은 무한정 베풀고, 한쪽은 무한정 받아 가면서도 고마운 줄 모른다는 것, 묘한 인연들이다.

나이가 들면서 또 승려로 살면서 아낌없이 베풀 줄 아는 나무가 이해되었다. 베풀면서 살아야 한다는 것을 스스로에게 강요하면서도 마음 깊이 받아들인 것은 근자에 들어서다. 그런데 그 베풀 줄 아는 관용에는 갖춰야 할 요소가 있었다. 어느 누구든 내 주위에 잠시 머물다 떠날 때 더 머물기를 청하지 않으며, 그 반대로 찾아오겠다는 사람이 있다면 거절하지 않는 마음가짐이다. '가는 사람 잡지 말고 오는 사람 막지 말라'고 하듯이.

설령 상대가 어떤 마음가짐으로 자신을 대하든 간에 자신이 할 수 있는 베풂을 묵묵히 하는 이들이 있기에 세상은 아름다운 것이다. 이런 자세는 곧 그 사람의 행복이요, 그 사람만의 인생특허권이다. 미국 위스콘신대학교의 리처드 데이비슨 박사는 이런 실험을 한 적이 있다.

한 스님에게 모든 중생의 행복을 바라는 자비명상을 하도록 하고, 스님의 뇌를 스캔하였다. 스님이 마음속에서 차분하게 자비로운 마음을 끌어올리는 동안 그가 얼마나 행복감을 느끼는지에 관한 연구였다. 스캔결과는 행복과 관련된 뇌의 부위가 환하게 밝아지면서 왼쪽 전두엽 피질의 활동이 현저하게 증가하는 것을 보여주었다. 연구원에서 또 다른 실험을 하였다. 사람들에게 일주일 동안 하루에 다섯 가지 친절한 행동을 하도록 했는데, 실험에 참가한 사람들은 행복도가 높아졌고, 삶에 대한 만족도 또한 높게 나타났다. 이처럼 아낌없이 주는 나무의 경우 역시, 아무것도 바라지 않고 무조건적으로 베풀었던 행위 자체가 자신에게는 행복이자 삶의 질을 높이는 부메랑으로 돌아왔던 건 아닐까?

이 내용과 유사한 한 수행자의 자비심 이야기를 소개할까 한다. 한 수행자가 갠지스 강가에서 명상에 들려고 할 때, 전갈 한 마리가 바로 눈앞에서 강물에 빠지고 말았다. 구도자가 일어나 건져주었더니 전갈은 그의 손을 독침으로 쏘았다. 곧 있어 전갈은 다시 강에 빠졌다. 구도자가 구해주자, 전갈은 또 그를 쏘았다. 같은 결과가 몇 번이고 반복되었다. 이를 지켜본 구경꾼이 말했다.

"은혜도 모르는 배은망덕한 저 전갈을 무엇 때문에 자꾸 구해줍니까?"

그러자 구도자가 이렇게 답했다.

"깨무는 것은 전갈의 성질이고, 구도자로서의 성질은 어려움에 처한 생명을 구해주는 것입니다."

진심으로
비판하고 칭찬하라

:

"칭찬은 고래도 춤추게 한다"는 말은 보편화 될 만큼 널리 알려져 있다. 그런데 이런 반응은 식물도 똑같다. 적당한 온도와 습도를 맞춰주고, 눈길을 주고 쓰다듬어주면 식물도 보살펴준 만큼 잘 자란다. 그러니 어찌 사람이겠는가? 사찰에서 법문할 때, 이런 인용을 자주 든다.

한 아이가 밤에 길을 걷는데, 달이 자꾸 자기만 따라오는 것 같았다(누구나 어릴 때 경험했을 테고, 필자 역시 그러하다). 아이는 엄마에게 물었다.

"엄마, 달이 자꾸 나를 쫓아와요. 아무리 도망가도 달은 왜 계속 나만 따라올까요?"

엄마는 태연스럽고 당연한 듯이 말했다.

"나중에 훌륭한 사람이 될 사람에게만 저렇게 달이 쫓아오는 거란다."

사랑이 담긴 엄마의 말을 듣고 자란 아이가 어떻게 성장하겠는가?

이와 비슷한 이야기가 있다. 남아프리카 부족 중 하나인 바벰바 족 사회에는 범죄가 거의 없다고 한다. 학자들이 왜 그런지를 관심 있게 조사해보았더니, 의외의 결과가 나왔다. 나쁜 범죄를 저지른 사람이 나타나면, 마을 사람들이 광장에 모이고 범인을 한가운데에 세운다. 그리고 사람들이 돌아가면서 한마디씩 한다.

"그대는 타고난 품성이 좋은 사람이야. 작년에 비가 많이 올 때 지붕을 고쳐줘서 비 피해를 막을 수 있었어. 고마워!"

그리고 또 다른 사람이 이렇게 말한다.

"저번에 내가 몸이 아플 때, 그대가 우리 집에 와서 집안일을 돌봐주었잖아. 그때 진짜 고마웠는데 말을 못했어."

이런 식으로 범인과 있었던 좋은 일을 들춰내며 칭찬하면, 그는 흐느끼기 시작한다. 그러면 사람들이 돌아가면서 진심으로 안아주고 위로하면서 용서해준다. 이런 의식이 끝나면 온 마을 사람들이 축제를 벌이고 행사를 끝낸다고 한다.

누구에게나 장단점이 있기 마련이다. 그런데 우리는 남의 단점만 부각하며, 비난하고 비판하는 데 익숙해져 있다. 상대방의 감정은 안중에 없고 자신의 감정과 잣대대로 상대를 궁지로 몰아넣기도 한다. 《잡아함경》에 남을 비판할 때 삼갈 내용이 있어 소개한다.

한 제자가 부처님께 이런 질문을 하였다.
"부처님, 남의 잘못을 들춰 비판하고 걱정해야 할 때, 어떤 마음상태를 가져야 합니까?"
"다섯 가지를 꼭 염두에 두어야 한다.
첫째, 들추려는 잘못이 사실인지를 반드시 확인해야 한다.
둘째, 그 시기가 적절한지를 살펴야 한다.
셋째, 그 사실이 상대방이나 제3자에게도 이익이 있어야 한다.
넷째, 부드럽고 조용해야 하며, 크게 소리를 지르거나 번잡하게 하지 말라.
다섯째, 상대방에 대해 진심이 담겨 있어야 하며, 화를 내서는 안 된다."

앞의 다섯 가지 가운데 마지막 "진심이 담겨야 한다"는 말에 공감한다. 이런 진심이 담긴 비판은 상대방도 진심으로 받아들인다. 그런데 칭찬에도 진심이 담겨 있어야 한다. 상대방이 자신의 칭찬과 비판을 받아들이지 않는다면, 곧 자신을 돌아보아 진심으로 말했는지를 살펴야 한다. 진심이 담기지 않은 칭찬과 꾸짖음은 기만이나 다름없기 때문이다.

알기는 쉽지만
행하기는 어렵다

:

열심히 노력하면 부자 되는 걸 걸인도 아는데, 왜 부자가 되지 못하는 걸까? 노력하여 실천으로 옮기지 못하기 때문이다(물론 사회적인 관점에서 볼 때 이의를 제기할 문제도 있지만, 여기서는 인과因果적인 의미로 받아들였으면 한다).

아는 만큼 실천이 따라주어야 한다는 것이 일반적인 생각이다. 겉과 속이 다르다고 지탄받는 것도 앎과 행동이 일치하지 않기 때문이다. 하지만 앎과 행동이 일치하기가 어찌 쉬운가! 겉과 속이 다르거나 앎과 행실이 다르다고 상대방을 비판하고 손가락질하지만, 결국 자신도 그 범주를 벗어나지 못한다. 그만큼 앎과 행의 일치란 쉽지 않은 일이다.

당나라 때 재상 백낙천白樂天(772~846)은 당송 8대 문장가 중 한 사람으로 학식과 시문학에 뛰어난 대가였다. 그는 유학자였지만 불교에 대한 지식과 지혜를 배우고 싶어 많은 스님들을 찾아다녔다. 백낙천이 항주 자사刺史로 있을 때, 마침 그 지역에 매우 유명한 스님이 있다는 소리를 들었다. 바로 조과도림(741~824)이라는 스님인데, 이 스님은 새가 나무 위에 집을 짓고 사는 것처럼 나무 위에서 좌선한다고 하여 '조과鳥窠'라고 불렸다. 백낙천은 고승이 있다는 말을 듣고 스님이 살고 있는 사찰로 한걸음에 달려갔다. 먼저 백낙천이 스님에게 물었다.

"큰스님. 제가 평생 좌우명으로 삼을 만한 가르침을 듣고자 왔습니다. 좋은 말씀 하나 해주십시오."

"모든 악한 행동 하지 말고, 많은 선한 일만을 받들어 행하며, 스스로 자기 마음을 깨끗이 하라. 바로 이것이 부처님의 가르침이다(諸惡莫作 衆善奉行 自淨其意 是諸佛敎)."

"스님, 제가 고작 그런 말씀을 듣고자 찾아왔겠습니까? 그런 이야기는 삼척동자도 다 아는 것 아닙니까?"

"그래, 삼척동자도 알기는 쉬워도 팔십 먹은 노인도 행하기는 어려운 것일세."

천하의 백낙천이 스님의 말 한마디에 고개를 숙이고 인사를 올렸다고 한다. 어느 종교나 마찬가지지만, 특히 불교는 진리에 대해 아는 것을 중요시한다. 그런데 그 진리를 알고 배웠으면, 진리에 맞는 실천이나 수행이 반드시 따라야 함을 강조한다. 그래서 불교에서는 지혜를 상징하는 문수보살과 실천을 상징하는 보현보살을 함께 모신다. 불교신자가 아닌 사람도 누구나 공감하는 이야기라고 생각한다.

앎과 실천의 합일은 유학의 한 일파인 양명학에서도 주장한다. 지행합일知行合一—인데, 참다운 지식에는 반드시 실천이 따라야 한다는 이론이다. 여기서 '지知'는 단순히 앎을 말하지 않는다. 자아 인식이 된 앎, 인격 완성적인 의미의 앎이다.

모든 종교가 교리를 중시하기 때문에 종교인이 잘못된 행동을 하면, 지탄의 목소리가 큰 것이 사실이다. 바로 앎과 행이 같을 것이라는 기대치가 무너졌기 때문이라고 생각된다. 굳이 철학적이거나 종교적인 이론을 말하지 않더라도 보통 사람들의 삶도 마찬가지라고 본다.

우리가 살면서 쉽게 말을 내뱉게 되는데, 말을 하기 전에 신중해야 할 것이다. 아는 만큼 행실을 갖추려고 노력하는 것, 바로 이 부분이 인간다운 모습이라고 생각한다.

나를 비워야
많은 것을 배운다

:

19세기 말, 일본 메이지시대에 한 유명한 대학교수가 있었다. 교수는 학문에 매우 뛰어나다는 소문이 자자했으며, 어디를 가나 그를 따르는 제자들이 많았다. 교수 스스로도 자만감에 빠져 있었다. 이 교수가 어느 마을에 난닌이라는 훌륭한 스님이 있다는 말을 듣고, 그 스님을 찾아갔다. 교수가 찾아가자, 스님께서 직접 차를 대접하겠다며 차방으로 들어오라고 하였다. 교수는 차방으로 들어가면서 이런 생각을 하였다. '내가 학문적으로 뛰어나다는 것을 스님도 알고 있는 모양이군. 스님이 직접 차까지

대접해주는 것을 보니….'

그런데 스님이 교수 앞에 있는 찻잔에 차를 따르면서, 찻잔에 찻물이 가득한데도 계속 차를 부어대는 게 아닌가! 교수는 순간적으로 외쳤다.

"스님! 잔이 넘칩니다!"

그러자 스님이 태연하다는 듯 차관을 내려놓고 말했다.

"이 잔과 마찬가지로 그대는 나를 찾아와서도 자신의 견해와 이론으로 가득 차 있는 것 같더이다. 그대 마음에 가득 찬 지견知見을 비우지 않는다면, 내 어찌 그대 마음의 잔에 차를 채울 수 있겠소?"

학기가 시작되어 많은 학생들을 만난다. 특히 대학원 수업을 할 때는 자신이 전공하고자 하는 학문이나 관심분야가 아니면 마음의 문을 닫는 학생들을 보는 경우가 있다. 불교학 역시 불교사 이래 다양한 학문이 발달되어 있어 각자 견해가 크게 다르다. 학문세계이니 비판이 오가는 것은 당연하다. 비판을 통해서 공부가 느는 것은 사실이지만 아직 배우는 입장에서 자신의 견해가 강하면 본인에게 손해이다. 그러다 보니 학기 초가 되면 늘 이런 말을 한다.

"무엇이든 공부를 할 때는 자신의 견해나 생각 그리고 자신이 지향하는 부분을 내려놓으십시오. 다양한 학문을 통해서 자신의 세계관과 인생관을 넓히는 계기라고 생각하십시오."

물론 어느 한편으로 볼 때, 이렇게 생각할 수도 있다. '타인의 가르침이나 의견을 거르지 않고 무조건 받아들이는 것은 주체성 없는 행동이 아니겠는가?'라고…. 그러나 학문이나 철학, 수행 문제는 그렇지 않다고 본다. 자신이 공부하고 있는 학문이나 철학도 결국 좁은 세계요, 작은 점에 불과하다. 그 작은 세계와 한 점을 마치 전부인 것처럼 생각한다는 것은 문제가 된다. 그러니 선생의 말이나 상대방의 말을 받아들이지 못하는 과오를 범하게 된다.

자! 생각을 전환하자. 자신의 견해를 내려놓고 타인의 말이나 학문을 배우는 것은 패배가 아니라 자신의 삶 속에 더 많은 것을 담는 것이라고 생각하면 어떨까?

불교는 나로 가득 찬 마음을 비우고, 그 속에 남을 담으라는 진리의 가르침을 실천으로 옮겨야 함을 강조한다. 꼭 불교 쪽에 몸담지 않아도 사람 사는 데서는 나를 비워야 많은 것을 배울 수 있다. 더불어 타인과의 진정한 만남이 이루어질 거라고 생각한다.

네 탓이오!
내 탓이오!

:

　　　　　세상을 살아가면서 고통스럽다거나 힘들 때
는 대체로 사람과의 관계에서 원만하지 못할 때다. 그런데 왜 원만
한 관계가 형성되지 못하는 걸까? 그것은 앞서 밝혔듯이, 자신의
단점은 잊어버리고 상대방의 단점을 매우 크게 보는 것도 한 원인
이라고 생각한다. 이런 점을 잘 표현한 이야기가 있다. 중세 일본
의 무주無住 스님의 《사석집沙石集》에 담긴 내용이다. 이 책은 불교
설화집 형식으로 구성되어 있는 책이다.

어느 산사에 네 명의 수행자들이 함께 모여 수행하고 있었다. 어느 날 이들은 모여 앉아 회의를 열어 '사찰의 일이나 모든 잡다한 일을 하지 않고, 7일 동안 어느 누구도 말을 하지 않고 조용하게 수행하자'고 결론을 내렸다(일반적으로 스님들은 수행기간을 정해놓고 묵언을 하는 경우도 있다. 근래 명상하는 곳에서도 묵언을 원칙으로 하는 것으로 알고 있다).

어느 날, 한밤중에 등불 기름이 떨어져 등불이 꺼져버리자 주위가 어두웠다. 그때 등불 옆에 앉아 명상하고 있던 스님이 말했다.

"여보세요. 시자! 여기 등불이 꺼졌으니 기름 좀 가져오세요."

그러자 옆에 앉아 있는 스님이 말했다.

"어이, 자네! 우리 지금 묵언수행 하기로 하지 않았나! 말을 해 버렸군."

그러자 또 옆에 앉아 있던 스님이 말했다.

"여보게! 지금 자네도 입을 열고 말을 하지 않는가?"

이를 지켜보고 있던 가장 연장자인 스님이 의기양양한 소리로 말했다.

"그래도 끝까지 말을 하지 않은 사람은 역시 나뿐이군."

이런 이야기는 묵언과 관련되지 않아도 누구나 한번쯤 겪을 수 있는 일화이다. 나쁜 일이 터지면, 자신에게 화살을 돌리는 것이 아니라 상대방에게 화살을 돌리는 것 말이다.

스님들이 수행을 간절하게 하고, 서로의 약속을 철저하게 염두에 두었다면 불이 꺼졌든, 누가 말을 하든 하지 않든 상관하지 않을 것이다. 곧 자신의 일에 철저하지 못하기 때문에 상대방의 허물이 크게 보이는 법이다. 자신의 그릇된 점이나 허물은 전혀 느끼지 못하고, 상대방의 단점이나 허물을 크게 부각시키기 때문에 서로 간의 고통스러운 일이 발생하는 법이다.

한편 자신의 행동만 최고인 것처럼 생각하는 경향도 많다. 그러다 보니 다른 사람의 행동이나 말을 무시하거나 낮추어 평가한다. 부끄럽게도 필자도 말은 이렇게 하지만 행동으로 실천하는 일이 쉽지 않음을 고백한다. 10여 년 전에 어느 종교단체에서 스티커를 만들어 널리 유행시킨 말이 있다. 바로 '내 탓이오'라는 네 글자다.

그렇다! 불미스러운 일이 발생하면,
남이 아니라 자기 탓으로 돌리는 연습도
반복하면 되지 않을까?
그러다 보면 사람 간의 스트레스는
조금이나마 줄어들 것이다.

더불어, 함께

:

학생 시절, 영어공부를 할 때 보았던 지문 가운데 이런 내용이 있었다. 프랑스의 어느 마을 이야기다.

그 마을은 포도 생산이 높아 포도주를 만드는 곳으로 유명했다. 어느 날 마을 사람들이 모여 회의를 했는데, 마을축제를 여는 일이었다. 그리고 그 축제 때 포도주를 마시는데, 이런 결론을 내렸다. 마을 중앙에 큰 드럼통을 하나 두고, 일주일간 자신의 집에서 생산된 포도주를 넣어서 섞인 포도주를 축제날 음용하기로 하였다.

일주일 동안 사람들은 저마다 자신의 집에서 만들어진 포도주를 큰 드럼통에 넣었다. 드디어 축제날, 그 드럼통을 열어 온 마을 사람들이 각 잔에 포도주를 부었다. 그런데 포도주 맛이 이상했다. 포도주라고 할 수 없을 정도로 맹물이었던 것이다. 알고 보니 마을 사람들은 '다른 사람들이 당연히 포도주를 넣을 테니, 나는 물만 넣어도 되겠지'라는 생각을 했던 것이다. 이 글을 읽는 독자들은 대략 짐작할 것이다. '나 한 사람쯤이야 그래도 괜찮겠지?'라는 이기적인 생각이 그런 결과를 초래했다는 것을.

이 이야기와 정반대되는 이야기도 소개한다. 2차 세계대전 당시, 영국군 1개 소대가 적에게 포위당해 있었다. 게다가 군인들은 무더위로 갈증에 허덕였다. 그런데 마침 남아 있는 물이라곤 소대장 허리춤에 있는 수통 1개가 전부였다. 소대장은 자신은 마시지 않고, 수통을 열어 대원들에게 물을 주었다. 부대원들은 수통을 돌려가며 조금씩 물을 마셨다. 그런데 수통의 주인인 소대장에게 수통이 다시 돌아왔을 때, 소대장은 깜짝 놀랐다. 수통 안의 물이 반 이상이 남아 있었기 때문이다. 대원들은 옆의 전우들을 생각해서 입만 겨우 적실 정도로 소량을 마신 것이다. 이들은 서로를 위하는 마음에 모두 감동했고, 지원군이 올 때까지 잘 버텨서 모두가 살아남을 수 있었다.

서로 대비되는 두 이야기를 통해 독자들은 느끼는 바가 있을 것이다. 우리 사람들은 결코 혼자 살아갈 수 없다. 한자의 사람 인人

자도 서로 의지하며 기대고 있는 형상이다. 서로 의지하며 살아갈 수밖에 없는 존재라는 뜻을 갖고 있다. 자신만의 안위를 위한다면 자신에게만 손해가 닥치는 것이 아니라 모두에게 슬픔을 남길 것이다. 일전에 이런 뉴스가 소개됐다. 택시기사가 운전 중에 갑자기 뇌졸중으로 사망한 사건이다. 기사는 차를 세우고 운전대에 고개를 박고 쓰러졌는데, 타고 있던 세 승객들이 운전석에서 트렁크 열기 버튼을 작동시켜 자기 짐만 갖고 유유히 사라진 일이었다. 아무리 바빴어도 기사를 병원으로 보냈다면 살 수도 있는 일이었다.

불교 경전《쌍윳따 니까야》에 "험한 여행길에서 자신보다 남을 위하고, 조금이라도 베풀 줄 아는 사람이 진정한 성자이다. 이기심만 있고, 남에게 베풀 줄 모르는 사람은 죽은 사람이나 다름없다"라고 하였다.

인간은 살면서 어느 누구나 힘든 일을 겪는다. 따뜻한 말 한마디와 위로가 고통스러운 일을 당한 그 사람에게는 생명수 같은 존재일 것이다. 남을 먼저 생각한다면, 언젠가 혹 그대가 불행한 일을 당했을 때 부메랑이 되어 도움받을 수 있을 것이다.

모두에게는
삶의 무게가 있다

:

　　수많은 사람들이 먼 길을 떠났다. 그들 각자는 등에 큰 짐을 메고 있었다. 사람들은 그렇게 길을 가다 날이 저물면, 한 숙소에 짐을 내려놓고 쉬는 일이 일상이었다. 이들 가운데 어떤 사람이 계속 투덜거렸다. 다른 사람들의 등에 진 짐은 매우 가벼워 보이는데, 자신의 짐만 너무 무겁다고 생각했기 때문이다. 마침내 그는 신에게 불만을 터뜨렸다.
　　"신이시여, 다른 사람의 짐은 작고 가벼운데 왜 하필 내 짐만 이렇게 무겁습니까?"

"그렇군. 그렇다면 오늘밤에 사람들이 여관에 들어서서 모두 짐을 한곳에 내려놓을 때, 그중 가장 가벼운 짐으로 바꾸도록 해라."

이 남자는 짐을 바꾸도록 허락한 신에게 감사하다는 말을 하며 연방 고개를 숙였다. 그날 밤 짐짝을 모아놓은 곳으로 가서 수많은 짐들을 하나하나 들어보며 가장 가벼운 것으로 낙점하였다. 다음 날 꼭두새벽에 그는 가장 먼저 짐 놓은 곳으로 달려가 어젯밤 점 찍어 두었던 가장 가벼운 짐을 등에 짊어졌다. 그러고는 즐거운 마음으로 길을 떠났다.

이 사람은 '앞으로 길을 가는 데 편안하겠구나'라고 생각하며 매우 행복해했다. 그렇게 한참 길을 가는데, 이상하게 짐이 점점 무거워지기 시작했다. 그래서 이 사람은 '이상하다. 가장 가벼운 짐으로 바꿨는데, 왜 이렇게 예전처럼 짐이 무거울까?' 하고 계속 의심하기 시작했다. 결국 또 신에게 하소연을 하였다.

"그런데 신이시여, 이상합니다. 가장 가벼운 짐으로 바꾸었는데도 왜 그 전처럼 짐이 무겁습니까?"

신이 빙그레 웃으며 그에게 말했다.

"네가 짊어지고 있던 짐을 자세히 보아라."

그제야 그는 짐을 내려 이곳저곳을 살펴보았다. 그런데 짐짝 안에 쓰인 글씨를 보니, 처음에 짊어지고 있던 바로 그 짐이었다. 이 남자가 가장 가벼운 것이라고 생각하고 바꾼 짐이 원래 자신이 지던 짐이었던 것이다. 신이 다시 말했다.

"네 스스로 바꾼 것이건만, 이전 짐을 다시 선택하였구나."

오래전에 어른들을 위한 우화집에서 읽은 내용이다. 불교에서는 그 사람이 짊어져야 하는 것을 업(業, karma)이라고 한다. 곧 자신의 한 행위에 의해서 자신이 살면서 짊어져야 하는 삶의 무게, 인생의 무게인 것이다. 삶이 고달프다고 그 무게를 벗어던지려고 한들 인간은 자신이 짊어져야 할 업에서 벗어나지 못한다. 우리나라 가수가 부른 노래 중에 이런 가사가 있다. "등이 휠 것 같은 삶의 무게여, 가거라. 사람아! 세월을 따라 모두가 걸어가는 쓸쓸한 그 길로."

어느 시대, 어느 공간에 산들 힘들지 않는 인생이 있겠는가! 사람의 생명을 부여받은 만큼 책임져야 할, 짊어져야 할 무게는 누구나 다 갖고 있다. 그 짐이 무겁다고 불평해 새로운 것을 짊어지려고 하지만, 그 벗어난 길에서 이전만큼의 똑같은 업덩어리를 안고 살아가는 법이다.

삶의 무게가 무겁다고 불평하며 다른 사람의 짐이 가벼워 보일 것 같지만, 그 사람의 내부를 들여다보면, 결국 그 사람도 짊어진 무게에 휘청거린다. 자신만 힘들게 사는 것이 아니다. 삶이 힘들다고 불평한들 혼돈을 겪게 되며, 주위 사람들에게도 곤란을 준다.

힘들어하지 말라.
내 무게만큼
타인들도 똑같은 인생의 무게를 짊어지고 살아간다.
그 사실을 기억하면,
그대가 짊어진 짐짝이 조금이나마 가볍게 느껴질 것이다.

소유와 존재

:

　　옛날 중국에 유명한 대장군이 있었다. 장군은 수년 동안 전쟁을 치르면서 지치기 시작했다. 그러다 우연히 적과 휴전에 들어갔고, 장군은 오랜만에 휴식을 취할 수 있었다. 간만에 그는 차를 마시려고, 평소에 늘 갖고 다니던 차관과 찻잔을 꺼냈다. 찻잔은 부모로부터 물려받은 애장품으로, 전쟁터를 누비면서도 갖고 다닐 만큼 애착을 갖고 있었다.
　　끓어오른 뜨거운 물을 차관에 넣은 뒤, 차를 우린 뒤에 다시 찻잔에 차를 따랐다. 그런데 뜨거운 찻잔을 드는 순간 찻잔을 바닥에 떨어뜨리고 말았다. 다행히 찰나에 한 손으로 찻잔을 받아 찻잔은 깨지지 않았다. 장군은 순간 너무 놀라 가슴이 철렁하지 않을 수 없었다. 그러다 순간 머리를 한 대 맞은 것처럼 뇌리를 스치는 장면이 있었다. 수많은 전쟁을 치르면서 화살이 날아와 부하들이 죽어가는 모습을 밥 먹듯이 목격했고, 적을 공격하기 위해 부하들이 성벽에 올랐다 떨어져 그 자리에서 즉사하는 모습도 보았다. 말 그대로 전쟁터의 비참한 실상을 늘 보았던 그였다. 수많은 부하장수들이 죽어가는 모습을 볼 때도 가슴이 철렁하지 않았건만 찻잔 하나에 가슴이 철렁했다는 사실에 자신이 부끄러웠다.

필자도 옛날 경상도 운문사에서 공부할 때, 유사한 경험을 했었다. 당시 어른스님인 명성 스님께서 내게 벼루에 먹을 갈라고 하였는데, 갈다가 잠시 화장실에 다녀왔다. 그 사이, 먹이 벼루에 달라붙어 뗄 수가 없었다. 스님께서 '사람이 죽고 사는 것이 큰 문제지, 이런 게 무슨 큰일이냐?'며 오히려 필자를 안심시켰다. 이때 얻은 교훈이 오랫동안 내 인생의 지침이 되곤 한다. 이 글을 읽는 독자에게 묻고 싶다. 자신의 소중한 것들을 리스트에 작성한다면, 무엇을 리스트에 올리겠는가? 교양과목 강좌 때, 학생들에게 종종 이런 과제를 부과한다. '현재 자신에게 가장 소중한 것을 세 가지 이상 서술하라'고 한 뒤 꼭 이런 설명을 곁들인다.

"'소유물'과 '존재' 사이에 어디에 더 소중한 가치를 두느냐는 각 개인에게 달려 있다. 하지만 소유물보다 존재에 의미를 두는 것이 소중한 가치개념이라고 본다. 적어도 이런 점에 부합해 서술했으면 한다."

물질이 살아가는 데 긴요하고 필요하다는 점은 틀림없는 사실이지만, 소중한 항목으로 두기에는 인생이 너무 슬퍼 보인다. 물건에 집착을 두면, 그에 따른 고통스러운 일이 반드시 수반되기 때문이다. 곧 물건이 5개이면 고통도 5개요, 물건이 10개이면 10개의 고통이 생겨나는 법이다. 무엇보다 물건이란 곧 사라져 버릴 무상한 것이다. 잠시만의 만족을 줄 뿐이지 영원한 행복을 주지 못한다. 그러니 사람만큼 소중한 존재가 어디 있겠는가? 물질(찻잔)보다 사람(부하)의 가치를 염두에 둔 대장군의 지혜에 박수를 보낸다.

부하 한 사람, 한 사람은 고향으로 돌아가면
어느 누구에게는 소중한 아버지요,
어느 여인의 소중한 남편이요,
어느 부모의 소중한 자식이 아닌가?
내 삶의 소중한 것이 무엇인가를 사유해보자.
이 사유는 바로 지금의 삶을 기획하고,
미래를 바라보는 전환점이 되리라.

사랑 그리고 기다림

:

　　고대에 한 젊은 제자가 지혜를 얻기 위해 백방으로 성자를 찾아다녔다. 그러기를 몇 해, 마침내 유명한 성자가 있다는 소문을 듣고, 그 성자를 찾아갔다. 얼마 안 있어 이 사람은 성자의 제자가 되어 오랜 시간을 성자 곁에 머물렀다. 그런데 이상하게도 시간이 흘러 몇 년이 지나도 스승은 제자에게 한마디 가르침조차 주지 않았다. 어느 날 이 제자는 가르침을 주지 않으면 당장 떠나겠다는 자세로 스승에게 말했다.

　　"스승님, 저는 수년간 진리를 찾아 헤매다 겨우 스승님을 만났습니다. 그런데 왜 스승님께서는 제게 가르침 한마디 주지 않습니까?"

스승은 아무 말도 없이 조용히 앉아 있다가 제자에게 질문했다.

"저기 벽돌 뒤에 많은 금괴가 들어 있다고 가정해보아라. 그 금괴를 꺼내려고 하는데 벽돌이라는 큰 장벽에 막혀 있으니, 어떻게 하면 꺼낼 수 있겠느냐?"

제자는 망설이지 않고 이렇게 대답했다.

"망치로 벽돌을 몇 번 쳐서 금괴를 꺼내면 됩니다."

스승은 제자에게 말했다.

"그래. 네 말이 맞다. 그러면 하나 더 물어보자. 여기 닭의 알이 있다. 이 알에서 생명이 탄생하는데, 어떻게 해야 생명이 탄생할 수 있겠는가?"

제자는 잠시 고민하더니 이렇게 대답했다.

"닭이 알을 가슴에 꼭 품어 따뜻하게 해주고, 말없이 기다려야 합니다."

그러자 스승이 말했다.

"그래. 네 말이 맞다. 알에서 새 생명이 태어나도록 하려면, 닭이 알을 품어주고 사랑해주어야 그 안에서 생명이 자라 어느 시기가 되면 스스로 껍질을 깨고 나오게 된다. 그런데 수많은 사람들은 무조건 망치로 깨뜨리는 법만 생각한다. 순간에 망치로 깰 수도 있지만, 망치로 깨뜨려서가 아니라 사랑으로 품어주고 기다려주어야 새 생명이 탄생하는 법이다."

　오래전에 읽은 글을 상기해 나름대로 창작해 본 이야기다. 예전에 사찰에서 학생들을 지도했고, 현재도 대학에서 학생들을 가르치면서 늘 교육에 대해 고민하는지라 앞의 글 내용을 늘 염두에 둔다. 제자를 지도하고 훈육하는 사람이라면 누구나 고민하는 문제요, 부모도 마찬가지일 것이다. '어떻게 해야 저 제자(자식)를 사람으로 만들까?'를 화두로 삼는다. 물론 교육에는 당근과 채찍, 두 가지가 모두 필요하지만 앞의 교훈이 더 피부로 와 닿는 교육법이라고 생각한다.

　한국의 유교식 교육관에 익숙한 우리는 벽돌로 쳐서 금괴를 구하는 방법을 더 많이 염두에 둔다. 그 반대인 사랑으로 기다려주는 덕목은 부족한 편이다. 필자도 닭이 알을 품듯 가슴으로 사랑해주고 기다려주는 것이 아닌 망치로 한 번에 치려는 강압이 더 많음을 고백한다. 스승의 역할을 다하기가 쉽지 않은 게 현실이다.

　누구나 때가 되면 '부모', '스승'의 위치가 된다. 스승이라는 명에 필요충분의 조건(덕목)을 갖추는 것이 도리일 것이다. 사랑으로 품어주고 기다리는 덕목이 있다면, 곧 긍정과 희망이라는 보답이 있을 거라고 본다.

2부

오만과 편견 깨기

#고정관념

#다름

#차이

겉모습만으로
사람을 평가하지 말라

:

　　　　　일본의 잇큐一休(1394~1481) 선사는 신도들에게서 공양(식사) 초청을 받곤 했다. 한번은 잇큐가 교토京都에 위치한 대부호 가문으로부터 초청받았다. 잇큐는 허름한 누더기옷을 입고 그 집을 방문했다. 스님이 대문으로 들어가려고 하자, 문지기가 스님을 제지하였다. 잇큐는 '자신은 이 집의 초대를 받아 온 손님'이라고 하며 들어가게 해달라고 하였다. 문지기는 스님의 모습을 보고 대꾸도 하지 않고 다른 하인들을 부르며 소리쳤다.

　"저 거지를 쫓아내라. 우리 주인마님이 어떤 분인데, 저런 거지를 초대했겠느냐?"

하인들이 몰려와 스님을 대문 밖으로 몰아붙였다. 그래도 스님이 '나는 초청받은 손님'이라고 하자, 하인들은 스님을 들어 길바닥에 내동댕이쳐버렸다.

스님이 일어나 다른 곳으로 가서 누더기옷을 벗고, 목욕을 한 뒤 승복으로 갈아입었다. 거기다가 스님으로서 최고의 가사인 금란가사(금실로 만들어진 법의로서, 황실에서 최고승려에게 하사하는 가사)를 입고 다시 그 집 대문 앞에 당도했다.

대문을 지키던 문지기뿐만 아니라 모든 하인들이 줄을 지어 나와 스님에게 깍듯이 인사를 하고, 안으로 모셨다. 스님이 주인에게 인도되었고, 그 집의 모든 식구들까지 나와 스님을 환대하였다. 잠시 후 음식이 나왔다. 스님은 음식을 입으로 먹지 않고, 하나하나 집어 옷 위에 던졌다. 스님의 돌연한 행동에 놀란 주인이 스님에게 말했다.

"아니! 스님, 왜 음식을 옷에 던져 좋은 가사를 버리게 합니까?"
"오늘 초대받은 사람은 내가 아니라 이 옷입니다. 그래서 이 옷에다 음식을 먹이는 겁니다."

이런 이야기는 불교고사뿐만 아니라 일반적인 교훈 면에서도 들음직한 내용이다. 진정으로 그 사람의 진면목을 보는 것이 아니라 겉모습만으로 평가하고 판단하는 사람들의 잘못된 점을 꼬집고 있다. 그래서 불교의 대표 경전인 《금강경》에 "선입견, 아만심, 자신만의 생각이 옳다는 착각(我相), 고정관념을 끊어야 수행을 제대로 완성시킬 수 있다"라고 하였다. 우리는 모든 것을 자신의 관점에서 생각하고 말하며, 더 나아가 자신의 관점이 보편적인 것으로 착각하는 경향이 있다. 바로 그렇기 때문에 끊임없이 사람들과 다툼을 일으킨다.

또 경전에서 "밖으로 드러난 형상을 볼 것이 아니라 그 내면의 모습을 볼 때, 참된 부처를 만난다"라고 하였다. 곧 사람을 볼 때 그 사람에게 담긴 인격이나 마음을 보지 못하고, 겉으로 드러난 것만으로 평가하거나 판단하지 말라는 뜻이다. 우리 사회에서도 그런 점들이 많을 것이다. 경제적 가치나 명예로 그 사람을 평가하고, 자신의 관점에서 다른 사람의 인격까지 손상시킨다.

어쨌든 우리는 인간으로서 누구나 실수할 수 있고, 타인을 해할 수도 있다. 관건은 자신의 생각이 옳다는 착각이나 고정관념을 조금씩 덜어내려는 마음가짐이 중요하다는 점이다. 또 자신도 잘못된 선입견을 지닐 수 있다는 점, 바로 이 점을 재고하는 습관이 필요하다고 본다.

그대가 있기에
내가 존재한다

⋮

불교에는 창조설이 없다. 굳이 여타 종교의 창조설과 맞먹는 불교적 진리가 무엇이냐고 묻는다면 바로 연기설緣起說이다. 아마 독자들은 이런 말에 거리감을 느낄지도 모르겠다. 하지만 단순한 원리이다. 사회적인 현상으로 말한다면 바로 '나비효과Butterfly effect'와 같은 원리이다. 미국의 기상학자 에드워드 N. 로렌츠가 처음으로 발표한 이론으로 후에 카오스Chaos 이론으로 발전하는 계기가 되었다. 작고 사소한 사건 하나가 나중에 커다란 효과를 가져온다는 의미이다. 즉 브라질에 있는 나비의 날갯짓이

미국 텍사스에 토네이도를 발생시킬 수도 있다는 것이다.

이 나비효과는 처음에는 과학이론에서 발전했으나 점차 경제학과 일반 사회학 등으로 광범위하게 쓰이게 되었다. 나비효과의 한 예로, 1930년대의 대공황이 미국의 어느 시골은행의 부도로부터 시작되었다고 가정해보자. 그러면 몇 달 후에는 미국 전역의 경제가 악화되는 것이다. 한 달 후나 1년 후의 정확한 기상예보가 불가능하듯이 주식이나 경기의 장기적인 예측이 불가능한 것도 이러한 나비효과가 영향을 미치기 때문이다. 이것이 바로 불교의 '연기' 원리와 같다.

불교의 연기이론과 나비효과가 같은 원리라는 점이 드러나면서 1900년대 초부터 서양의 지성인들이 불교에 관심을 갖기 시작했다. 연기설은 '이것이 있기 때문에 저것이 생겨나고, 이것이 소멸되기 때문에 저것이 소멸된다'는 이론이다. 세상의 자연현상이든 사회현상이든, 사람 간의 관계나 그 어떤 것이든 서로 연결되어 있지 않은 것이 없다. '도미노현상'처럼, 하나가 잘 되면 연이어 잘되고, 하나가 잘못되면 연이어 잘못된다. 이를 단적으로 설명할 수 있는 이야기가 있다.

어떤 동산에 두 그루의 나무가 있었다. 한 그루는 키가 크고, 무성한 아름드리나무인 반면 옆에 있는 나무는 키도 작고 매우 왜소한 나무였다. 그런데 작은 나무는 늘 불만이 가득했다. 바로 옆의 큰 나무 때문에 자신은 햇빛도 제대로 못 받고, 비가 내려도 옆의 큰 나무가 물을 다 빨아들여 자양분을 다 뺏긴다고 생각했다.

'저 큰 나무 때문에 나는 늘 이 모양 이 꼴이다. 저 큰 나무만 없어진다면 나도 저렇게 무성한 나무처럼 될 수 있는데, 어떻게 하면 저 나무를 없앨 수 있을까?'

이렇게 고민하던 차에 나무꾼이 지나갔다. 작은 나무는 나무꾼에게 큰 나무를 도끼로 찍어 가져가 달라고 부탁했다. 큰 나무는 나무꾼에 의해 결국 쓰러지고 말았다. 작은 나무는 환호성을 지르며 기뻐했다. 그런데 얼마 후 태풍이 오자 작은 나무도 쓰러지고 말았다. 바람막이가 되어주고, 뜨거운 햇볕을 막아줄 든든한 보호막이 없었기 때문이다. 작은 나무는 큰 나무를 의지해 사는 존재건만 그 고마움을 모르고 있었던 것이다.

우리의 삶도 마찬가지다. 대학교에 입학한 대학생은 자신이 똑똑해서 학교에 다닌다고 생각하겠지만, 부모를 비롯해 주위 지인들의 도움이 있었기에 가능하다. 또 크고 작은 회사도 사장이 있기 때문에 직원은 경제활동을 할 수 있는 것이요, 직원이 있기 때문에 사장은 회사를 운영할 수 있는 법이다.

세상은 이렇게 서로 연결된 속에서 굴러가는 것이요, 서로의 도움으로 살아가게 되어 있다. 그러니 어찌 자신만 잘 살면 된다고 자만을 부려야겠는가?

가정이든, 학교든, 사회든 그 어떤 조직체든 간에
상대방 때문에 내가 존재할 수 있는 것이다.
그러니 이것만 잊지 않는다면
행복한 가정, 평화로운 사회가 되지 않을까?

다른 방식으로 생각하라

:

　　　　　　사람은 자신의 생각과 견해에 집착하는 경향이 있다. 이는 모든 이들의 타고난 성향으로, 교육받고 경험한 데서 형성된 세계관을 바꾸는 일이란 쉽지 않다.

《열반경》에 이런 이야기가 전한다. 인도의 어떤 왕이 신하들과 대화를 하는 중에 신하를 시켜 코끼리 한 마리를 몰고 오도록 하였다. 그리고 시각장애인 6명을 불러 손으로 코끼리를 만져보고 자신이 느낀 대로 코끼리에 대해 말해보도록 하였다.

제일 먼저 코끼리의 이빨(상아)을 만진 사람이 '코끼리는 무같이 생긴 동물이다'라고 말하자, 이번에는 코끼리의 귀를 만진 장님이 말했다.

"아닙니다. 저 사람이 틀렸습니다. 코끼리는 곡식을 고를 때 사용하는 키같이 생겼습니다."

코끼리의 다리를 만진 장님은 '코끼리는 마치 커다란 절구공같이 생긴 동물'이라고 주장하고, 등을 만진 사람은 '코끼리는 넓은 평상같이 생겼다'라고 하며, 배를 만진 이는 '코끼리가 장독처럼 생겼다'라고 하고, 꼬리를 만진 이는 '굵은 밧줄같이 생겼다'라고 하는 등 자신의 견해를 주장하면서 상대방이 틀렸다고 비난하였다.

이분들만 이렇게 억지를 부릴까? 우리 모두는 자기 견해의 틀에 갇혀 생각을 쉽게 전환하지 못한다. 미국 애플Apple 사의 스티브 잡스는 명상과 비즈니스를 결합시켜 새로운 기업문화를 만든 CEO로 평가받았다. 그가 살아 있을 때 창안한 애플의 광고문구는 "다른 방식으로 생각하라think different!"였다.

이 문구는 필자에게 신선한 충격이었다. 이는 행동양식이나 생각을 전환하는 것 자체가 새로운 세계를 의미하기 때문이다. 스티브 잡스는 생전에 명상가로 유명했는데, 그는 명상이 새로운 제품을 창안하는 기회가 되었다고 한다. 절제미와 간결미를 지닌 군더

더기가 없는 제품디자인이 나올 수 있었던 것도 명상을 통해 '다른 방식의 생각'을 발전시킨 것이라고 본다.

그러니 우리가 타성에 젖어 있는 고착된 생각을 전환한다면 삶을 발전시킬 계기가 됨은 말할 것도 없음이요, 새로운 일을 개척하는 데도 도움이 될 거라고 본다. 기존의 관념이나 의견, 자신의 편견에서 벗어나 대상을 완전히 새로 보는 것이라고 하는 '제로베이스 사고zero-base thinking'라고도 볼 수 있다.

이 글의 주제를 인간관계의 측면에서 보자. 사람과의 관계에서 충돌하는 문제를 해결하는 것도 생각의 전환만 있으면 가능하다고 본다. 필자와 매우 가까이 지내는 제자가 있다. 최근에 그 제자와 부딪힌 일이 있었다. 엉킨 실타래를 풀지 못한 채 한동안 마음이 편치 못했다. 그때 생각을 전환하였다.

필자의 입장에서 보면, 출가한 지 30년이 넘었고, 절집이라는 틀 속에 산 사람으로서 내가 생각하는 선線 안에 그 친구를 가둬놓고 있었던 셈이다. 반대로 제자의 입장에서 보면, 이제 갓 출가한 사람으로서 절집규칙에 익숙하지 않은 데다 어른의 보살핌을 바라고 있는데, 스승은 권위를 내세우며 출가자의 규율로 자신을 억압한다고 생각했을 것이다. 상대방의 입장에서 사유관념을 전환시키니, 자연스럽게 엉킨 실타래를 풀 수 있었다.

우리는 자신의 입장만 고수하고, 자신이 받은 상처와 고통만을 크게 부각시키며 상대를 미워한다. 그 증오는 점점 눈덩이처럼 커져 서로 서로 배신자라고 한다. 바로 이것이 자신의 견해와 사념에 빠진 어리석은 행위인 것이다.

  상대방이 안고 있는 상처와 고통도 자신과 마찬가지라고 사유를 전환시켜 보라. 아집이라는 프레임frame에서 벗어나 다른 방식으로 생각하라. 반대편에서 바라보면, 자신의 허점이 보일 것이다.

지나치면
후회할 일이 생긴다

⋮

송나라 때 법연法演(1024~1104) 스님은 당시 중국에서 큰스님이었다. 스님은 참선을 하신 분으로 수많은 제자들을 거느렸다. 어느 해, 스님이 다른 사찰의 조실로 초대되어 머물고 있던 사찰을 떠나게 되었다. 제자들이 스님을 찾아와 말했다.

"스님께서 이번에 사찰을 떠나시면 언제 또 뵈올지요? 저희가 일상에서 살아갈 만한 지침을 내려주십시오."

"으흠, 살아갈 만한 지침이라. 네 가지만 지키면 된다. 첫째, 복불가수진福不可受盡, 복을 지나치게 추구하지 말라. 지나치면 재앙으로 변한다. 둘째, 세불가사진勢不可使盡, 세력을 다 부리지 말라. 지나치면 후회할 일이 생긴다. 셋째, 호어불가설진好語不可說盡, 좋은 말도 다 하지 말라. 말이 과하면 허물이 된다. 넷째, 규구불가행진規矩不可行盡, 규율을 다 지키지 말라. 지나치면 집착하게 된다. 승려로서의 삶이든 재가자로서의 삶이든 이 네 가지만 지킨다면 절대 허물이 없을 것이다."

아마 이 글을 읽는 독자들도 공감하는 내용이라고 한다. 처음에 말한 복에 대해서는 지나치게 복을 추구하지 말라는 뜻도 있지만, '하늘이 내린 복을 다 받지 말라'라는 뜻으로도 볼 수 있다. 복은 있을 때 아껴두어야 한다. 자신이 경제적으로 부유하거나 현재 삶에서 가족들과 행복할 때 혹은 자신을 따르는 사람이 많을 때, 그 복을 지킬 줄 알아야 한다. 즉 가족이나 자신을 따르는 사람에게 베풀 줄 알고, 상대를 존중할 줄 알아야 한다는 것이다. 그래서 세간에서 "있을 때 잘해"라는 말이 있는 게 아닐까? 세상에 영원한 것은 하나도 없다. 언제 어떻게 소멸되지, 사라질지 모르는 것이다. 현재의 모든 것이 영원한 것이라고 착각해서는 안 된다.

다음, 세력을 다 부리지 말라는 것. 아마도 이 말은 권력을 가진 사람에게 해당될 것이다. 자신의 세력을 함부로 남용해서 훗날 잘못되는 경우를 많이 보았을 것이다. 권불십년權不十年 화무십일홍花無十日紅이라고 하였다. 꽃은 10일 이상 아름답게 꽃피울 수 없고, 아무리 큰 세력을 갖고 있다고 해도 10년을 넘기지 못한다고 하였다. 권력자 아닌 일반인의 삶에서도 마찬가지다. 지금 하찮게 보이는 사람이 훗날 어떤 사람으로 변모될지 모르는 법이다. 현재의 모습으로 절대 사람을 평가해서는 안 된다.

셋째, 좋은 말도 다 하지 말라는 것. 필자도 공감한다. 나이가 들어갈수록 아랫사람이나 학생들에게 노파심에 말한 것이 역효과가 날 때가 많았다. 아무리 좋은 말이라도 너무 많이 하면 오히려 침묵만 같지 못할 때가 있다. 어느 고인이 이르기를 "열 마디에 아홉 번 맞는 말을 해도 한 번 침묵한 것만 못하다" 하였으니, 적절한 시기에 알맞은 말 한마디는 열 마디의 말보다 따끔한 진리가 될 것이다. 그래서 유마의 침묵을 '우레와 같은 침묵'이라고 하지 않았겠는가?

넷째, 규율을 다 지키지 말라. 이 점은 승려들의 계율문제에서도 가끔 활용된다. 옛날 한 제자가 부처님께 "몸이 아파 고기를 먹어야 하는데, 어떻게 하면 좋겠습니까?"라고 물은 적이 있다. 이때 부처님께서는 "육식은 계를 어기는 일이지만, 건강을 위해서는 방편상 먹어도 괜찮다"라고 하셨다. 일반적인 삶에서도 마찬가지일 것이다. 사회에서나 가정에서, 학교에서 사람에 따라 규율을 지키고 적용시켜야 할 때, 어느 정도 융통성이 필요하다고 본다. 실은 학교에서 학생들에게 학점을 줄 때 똑같은 규칙으로 일괄적으로 적용할 수 없을 때가 있다. 이처럼 사람에 따라서나 일의 경중에 따라 규율을 고려하는 일도 중요하다.

사람이란 존재의
따스한 정

:

최근에 대학 교양과목 수업 중에 학생들에게 이런 과제를 낸 적이 있다. 종이에다 자신에게 가장 소중한 사람 3명, 소중한 물건 3가지, 꿈이나 희망 2가지, 취미나 활동 2가지 등 10개 항목을 적게 하였다. 그런 뒤 학생들에게 필요치 않은 것부터 2항목씩 지워보라고 하였다. 그런데 대부분의 학생에게 마지막까지 남아 있는 항목은 사람이었다. 이렇게 젊은 학생들도 자신의 소유물이나 꿈이 아니라 사람을 소중한 존재로 여긴다.

마침 이러던 차, 언론을 통해 인간의 소중함과 관련된 내용을 접하여 여기에 소개할까 한다. 세계마라톤대회에서 있었던 일화이다. 마라톤을 하는 중 여러 선수가 뛰고 있었는데, 한 중국 장애인 선수에게 탈수증세가 나타났다. 이를 목격한 케냐의 유명한 여성 마라톤선수가 잠시 속도를 줄여 그에게 물을 먹였다. 그 중국 장애인선수는 두 손이 없어 누군가의 도움 없이는 물 마시는 일이 쉽지 않았다.

잠깐 속도를 줄인 탓으로 그녀는 기록이 늦어져 결승선에 2등으로 들어왔다. 1등을 할 수 있었지만 다른 사람을 돕는 일로 인해 1등을 놓친 것이다. 물론 그녀는 1등 상금인 2만 달러도 놓치게 되었다. 2만 달러면 그녀가 케냐에서 가족들과 몇 년은 충분히 먹고살 수 있는 금액이라고 한다. 기자들이 그녀에게 "또 그런 상황에 처하면 어떻게 행동할 건가요?"라고 질문하니, 그녀는 이런 답변을 하였다. "똑같은 상황이 발생할지라도 나는 그 장애인을 도울 것입니다."

모든 것을 돈으로 해결하려는 사람들에게 경종을 울리는 이야기라고 본다. 필자가 글에서 자주 인용하는 정신과 의사가 있다. 빅터 프랭클Victor E. Frankl(1905~1997)이다. 이 사람은 독일계 유태인으로 2차 세계대전 당시 수용소에 갇혀 있을 때 함께 있던 사람들의 행동양식을 연구하였다. 그는 매우 처참한 상황에서도 성격이 강인하고, 아첨을 잘하거나 처세를 잘하며, 민첩한 사람이 힘든 역경

속에서 잘 버텨낼 것이라고 생각했었다. 그런데 결과는 그 반대였다. 즉, 먹는 것이나 옷조차 변변치 못하고 늘 죽음의 공포 속에서 살면서도 타인을 위해 배려하고 자신보다는 남을 먼저 생각하는 사람이 수용소에서 마지막까지 견뎌 살아남는 것을 알게 되었다. 그래서 철학자들이 냉철한 강자가 아니라 부드러움을 소유한 마음 따스한 사람을 인생의 진정한 승리자라고 하는가 보다.

불교에서도 사람에게 베푸는 보시布施가 진정한 보시라고 하고, 일반적으로도 "사람에게 하는 투자가 진정한 투자"라는 말이 있다. 사람과의 따스한 정情만큼 이 세상에 소중한 것은 없을 것이다. 대체로 자원봉사를 하는 사람들의 행복도가 높다는 조사가 있었다. 자신의 이익을 위해 하루 종일 일해서 10만 원을 버는 것보다 자신의 돈을 써가면서 남을 위해 봉사하는 일이 그 사람의 행복도를 높여준다는 것이다. 이래서 살맛 나는 세상이요, 이런 것을 두고 사람이 꽃보다 아름답다고 하는가 보다.

죽음과
맞바꿀 수 있는 그 무엇

:

　　자신이 현재 어느 위치에 머물고 있는지, 어디를 향해 가고 있는지, 무엇을 지향하는지에 대해 생각해본 일이 있는가? 자신에 대한 이런 사유는 죽음과 같은 막다른 골목에서 절실히 느끼지 않을까 싶다.

　　오래전에 어느 글에서 읽은 내용이다. 서양연극 중 〈단지 15분〉이라는 작품이 있다. 주 내용은 생명이 15분밖에 남지 않은 한 젊은 주인공이 죽기 직전의 이야기다. 다소 허황된 느낌이지만, 현대에는 대형사고나 교통사고 등이 잦기 때문에 어느 누구에게나, 어느 날 갑자기 찾아올 수 있는 손님이 죽음이다. 젊은 주인공은 어렸을 때부터 매우 총명했다. 뛰어난 성적으로 박사과정을 수료하고, 논문을 제출했는데 학교 측에서 좋은 반응을 얻었다. 곧 학위를 받게 되고, 우수한 논문으로 어느 대학의 교수자리까지 예정되어 있었다. 박사학위식을 얼마 남겨 놓지 않은 어느 날, 갑자기 가슴통증이 심해진다.

병원으로 달려가 정밀검사를 받은 결과, 그는 곧 죽을 운명이었고, 그것도 이 생에 살 수 있는 시간은 단 15분이었다. 도무지 믿을 수 없는 상황에 병실에 앉아 있는데, 시간은 무심히 흘러갔다. 그런데 이때 그에게 전보가 한 통 왔다.

"억만장자였던 당신의 삼촌이 방금 돌아가셨습니다. 그의 재산을 상속할 사람은 당신밖에 없으니, 빨리 오셔서 상속절차를 밟으십시오."

망연자실하게 전보를 다 읽을 무렵, 또 하나의 전보가 왔다. 이번에는 모교에서 보낸 것이었다.

"당신의 박사학위논문이 올해 최우수논문상으로 선정되었습니다. 앞으로 당신은 학문계에서 큰 주목을 받을 것입니다."

비통해하고 있는 그에게 또 하나의 전보가 왔다. 그토록 애타게 사랑하던 연인이 결혼을 승낙한다는 연서였다. 하지만 그에게 남아 있는 15분의 시간은 점점 끝나가고 있었고, 결국 그는 세상을 하직했다. 슬픈 이야기지만, 곧 우리 모두의 이야기다.

　죽음 앞에 부와 명예, 사랑이 무슨 의미가 있을 것인가? 인생은 혼자 갈 수밖에 없는 길이고, 삶 속에 결국 자신만이 남는 것이다. 그러니 현재 우리 인생에서 무엇이 소중한 것이고, 무엇을 위해 살 것인지를 한번쯤 생각해봐야 하지 않을까? 스티브 잡스는 살아생전 젊은 나이에 사업을 하면서 큰 결단을 내려야 할 때 '나는 곧 죽는다'라는 생각을 결정의 방편으로 삼았다고 한다. 그래서 다른 사람들에 대한 의식이나 좌절감, 두려움을 극복하였고, 자신이 해야 할 일에 있어 죽음만큼 절실한지를 스스로에게 물었다는 것이다. 죽음과 맞바꿀 수 있을 만큼이라고 생각했다면 큰 용기를 얻었을 거라고 본다. 필자가 죽음에 대해 언급한 것을 부정적으로 보는 사람도 있을 것이다. 하지만 죽음에 대해 한번쯤 숙고함은 삶의 변화를 줄 수 있는 원동력이요, 새로운 길로 인생을 인도할 수 있다고 본다.

한 해를 마감하는 즈음,
자신을 점검해보는 계기로
죽음 앞에 서 있는 자신을 상기해보자.
내 인생에서 가장 소중한 것이 무엇인가?
무엇을 하지 못하랴? 두려워하지 말라.

싸우지 말자
행복하게 살자

:

　　　　　　프란치스코 교황은 2015년 성탄절을 맞아 종교적·인종적 박해와 전쟁으로 고통받고 있는 이들을 위로했다. 또 이슬람국가(IS) 무장세력의 학살위협을 피해 고향을 떠난 난민에게 "당신들 모두를 껴안으며, 성탄의 축복을 기원한다. 당신들은 예수를 닮았다"며 위로하였다. 교황의 메시지를 보며, 그분에게 감사와 존경을 표했다. 불교경전인 《중아함경》에 원수를 용서로 마음 돌린 이야기가 있다.

옛날 인도에 코살라국과 카시국은 국경을 접하고 있는 나라였다. 두 나라는 오랫동안 사이가 좋지 못했고, 언제 전쟁이 발발할지 몰라 늘 노심초사였다. 코살라국의 장수왕은 매우 성품이 어질어 카시국을 쳐들어가는 일은 없었고, 자비로 정치를 하여 만백성이 우러러 보는 성군이었다. 장수왕은 '왕권과 주권을 가지면 무엇 하겠는가. 왕권을 이용해 전쟁을 하게 되면 국민만 시달릴 뿐이다'라는 생각을 갖고 있던 반면, 이웃나라 카시국의 범예왕은 코살라국을 호시탐탐 노리고 있었다.

어느 해 카시국이 코살라국을 쳐들어갔는데, 코살라국의 장수왕은 카시국 범예왕을 사로잡았다. 장수왕은 범예왕을 그냥 풀어 주었는데, 범예왕은 그 나라를 재침범하겠다고 앙심을 품었다. 몇 년 후, 범예왕은 병력을 총동원하여 코살라국을 쳐들어갔다. 이때 장수왕의 가족들은 모두 참수를 당했고, 왕자와 왕녀는 모두 노예가 되었다. 다행히도 장수왕의 아들 장생 태자는 궁궐을 몰래 빠져나가 목숨을 보전할 수 있었다. 몇 년 후, 태자는 신분을 감추고 카시국의 신하로 잠입했다.

장생 태자는 카시국 왕의 이목을 끌기 위해 갖은 노력을 하였다. 마침내 장생은 카시국 왕이 가장 신뢰하는 신하가 되었다. 그러던 어느 날, 왕은 장생의 무릎을 베고 잠이 들었다. 장생이 '원수를 죽일 기회는 바로 이때다' 싶어 칼을 빼들어 왕을 죽이려는 찰나에 아버지가 떠올랐다.

　어렸을 적, 아버지는 늘 "원한을 원한으로 갚지 말거라. 원한을 원한으로 갚으면 그 원한은 끝이 없다. 사랑으로 이를 참아라. 인욕해야 한다"며 자식들에게 자비를 강조했다. 장생은 아버지의 말을 떠올리며 칼을 던지는 순간 왕이 잠에서 깨어났다. 장생은 국왕에게 자신이 누군인지를 고백하고, 용서를 구했다. 왕은 오히려 장생에게 감화를 받아 딸과 결혼시켜 사위를 삼았다. 수백 년 동안 앙숙이었던 두 나라는 드디어 화해를 하게 되었고, 두 나라 국민은 평화를 누리게 되었다.

　인간 사회는 유사 이래로 투쟁의 역사이다. 개인과 개인끼리 늘 다툼이 있고, 기업과 기업은 상생이 아닌 상극으로 서로를 비방하며, 서양은 유색인종에 대한 인권유린을 함부로 자행한다. 이런 행위들은 바로 인간의 탐욕 때문에 일어난다. 상대방보다 위에 군림하려는 이기심이 상대에게 상처를 주고도 양심을 느끼지 못하게 한다. 무엇보다 심각한 것은 지구촌 곳곳에서 국가 간의 이권과 종교전쟁으로 수많은 이들이 무고하게 죽어가고 있다는 사실이다.

　종교도 사람을 위해 존재하는 것이지,
　종교를 위해 사람이 존재할 수 없다.

신이 먼저가 아니라 인간이 먼저이며,
인간을 위해 신이 존재해야지
신을 위해 인간이 존재할 수 없다.
우리가 이 세상에 태어난 목적은 무엇인가?
행복하게 살기 위해서다.
내가 행복을 바라는데,
왜 남의 행복을 짓밟으려고 하는가!
싸우지 말자. 행복하게 살자.

오만과 겸손

:

　　　　　　어느 세월, 어느 공간에 살든 사람은 늘 아프기 마련이다. 수행자로 홀로 살든 가족과 함께 살든 병이 들면, 외롭고 고독한 것은 말할 것도 없고 비참하기까지 하다. 2,500여 년 전 인도, 그 옛날 석가모니 부처님이 살던 시대에도 아픈 사람들이 많았다.

　부처님의 제자 가운데 한 스님이 병이 들었다. 그 스님은 식사를 할 수도 없었고, 옷에 오물까지 묻힐 정도로 거동조차 수 없었다. 본인의 의지대로 움직일 수 없었던 스님은 매우 힘겨운 시간을 보내며 죽음을 기다리고 있었다. 부처님이 살아계시던 당시에는 승려들이 한 방에서 거주하거나 한 공간에 함께 머물지 않았다. 홀로 거주하는 것은 수행에 있어 긴장을 놓지 않기 위한 방법이었기 때문이다.

병든 스님이 아무도 찾아주지 않는 방에서 혼자 앓고 있을 때, 부처님께서 그 사실을 알고 그 병자를 찾아와 목욕시키고 옷을 갈아입히며, 죽을 준비해 병자에게 먹였다. 다른 제자들이 그 사실을 알고 부끄러움을 느꼈는데, 부처님께서는 제자들에게 이런 말씀을 하셨다.

"함께 수행하는 도반道伴끼리 서로 도와주며 보살펴주어라."

경전에서 이 부분을 읽고 난 후 나는 병자에 관한 내용보다 부처님의 겸손과 자비심에 감동을 받았다. 세계 4대 성인 중의 한 분이요, 위대한 성자였던 부처님이 오물이 묻은 제자의 옷을 빨아주고 보살펴주는 장면은 늘 마음 한구석에 추억의 영상처럼 담겨 있다.

미얀마Myanmar 불교에 관한 어떤 글에서 자비심이 담긴 수행자를 또 본 적이 있다. 미얀마에서 공식적으로 인정한 큰스님인데, 삼장법사인 밍곤 스님이다. 밍곤 스님이 머물고 있는 인근 지역에 연세가 많은 노스님 한 분이 한밤중에 배탈이 나서 고생하고 있는데, 밍곤 스님이 그 사실을 알고 직접 오물을 치우고 배탈 난 노스님을 씻겨드린 뒤 가사를 깨끗이 빨아주었다. 노스님이 밍곤 스님께 인사를 하며 말했다.

"자네 같은 위치의 인물이 어찌 자신을 낮추어 교만심이 없는가? 하심下心이라는 것이 어떤 것인지를 자네를 통해서 오늘에야 배운 것 같네."

부처님과 미얀마스님의 자비와 겸손이 내 마음에 각인된 것은 근래 내 마음과 비추어 생각할 겨를이 많았기 때문이다. 내가 강의하는 대학은 학생들의 교수평가가 엄격하다. 몇 년 전 교수평가가 그런대로 괜찮아서 Best Lecturer상을 두어 번 받은 적이 있다. 이 상을 받기 전에도 강의평가가 나쁘지 않았기 때문에 상을 받을 때는 당연한 것처럼 여겼던 것 같다. 몇 년 전 겨울 학기, 좋지 않은 평가를 받고서야 정신이 바짝 들었다. 아무리 어린 학생들 앞이지만 겸손하지 못했다는 자괴감에 며칠간 쉬이 잠들지 못했다. 부처님이나 큰스님께서도 중생들의 마음을 어루만지고, 겸손한 마음으로 대했건만 나는 아직 그런 경지도 가보지 못한 처지인데도 자만심에 가득하고 겸손하지 못했으니….

어찌 보면 우리 인간들은 별거 아닌 것 가지고 자만심을 세우고 아상我相(자신에 대한 오만함)을 드러내는 것이 아닌가 싶다. 똑같이 존엄한 인간이건만, 타인의 존엄을 망각하고 자기기만에 빠져 있다. 겸손하지 못한 오만한 태도는 결국 자신에게 불명예로 돌아온다.

아니 부끄러운 자화상인줄 알면서도 오만을 가지고 편견을 부리는 인간의 만용인지도 모른다. 그러니 인간이 얼마나 어리석은 존재인가! 불에 달궈진 쇠를 수십 번 두들겨야 제대로 된 칼이 나오듯이 끊임없는 자각을 통해 자신을 다듬어야 하리라. 옛말에 벼가 익을수록 고개를 숙인다고 하듯이 자신의 직위가 높고, 학위가 높을수록 겸손함을 가슴속에 차곡차곡 채워야 하리라.

못생긴 승려가
절집에 남는다

:

선물을 받으면, 물건을 보호하기 위해 그 주위를 감싼 가벼운 종이들이 있다. 나는 이 종이들을 버리지 않고 두었다가 택배나 소포를 보낼 때, 물건 틈새에 끼워 넣는다. 책상 옆 쓰레기통에 담긴 휴지를 재활용할 때도 있다. 쓰지 못할 것이라고 생각하던 것들을 다시 한 번 이용하거나 쓰일 때마다 세상의 어떤 것이든 그 나름대로의 역할이 있음을 새삼 상기한다.

속담에 "못생긴 나무가 산을 지킨다"라는 말이 있다. 흉터가 없고 쭉쭉 뻗은 잘생긴 나무라면 목수들이 일찍 베어간다. 베어진 나무는 장롱으로도 쓰이고, 사찰의 기둥으로도 쓰이며, 가정집의 문짝으로 활용될 것이다. 하지만 울창한 숲속에서 산을 지키는 나무들은 대개가 못 생긴 나무들이다. 어떤 나무는 심하게 굴곡져 있고, 어떤 나무는 금방이라도 쓰러질듯 휘어져 있고, 어떤 나무는 홀로 서기 힘들어 다른 나무들과 서로 의지하며 커가기도 한다. 곧 잘생긴 나무는 잘생긴 대로 이름값을 하는 것이요, 못 생긴 나무는 못 생긴 대로 숲속을 지켜 생태계를 유지한다.

옛날 시골에서는 자식들을 다 공부시키지 못할 만큼 가난한 농부가 많았다. 아들이 둘이었다면 공부 잘하는 아들은 서울로 유학을 보냈고, 조금 공부가 부족한 아들은 곁에 두어 농사일을 거들게 했다. 공부를 잘한 사람은 잘하는 대로 서울 사람이 되었고, 공부가 부족했던 아들은 아버지의 대를 이어 시골 농사꾼이 되었다. 사람들도 그 자리에서 나름대로의 역할을 하며 살아간다.

훌륭한 목수는 큰 나무든 작은 나무든 결코 버리지 않는다. 작은 것은 작은 대로 쓰일 데가 있고, 큰 것은 큰 대로 쓰이며, 굽은 것은 굽은 대로 다 쓰일 데가 있는 법이다. 간장은 간장 종지에 담아야 하고, 김치는 김치 보시기에 놓아야 제격이다. 차를 즐겨 마시다 보니 다양한 종류의 찻잔을 갖고 있는데, 찻잔도 마찬가지이다. 중국 보이차를 마실 때는 보이차에 맞는 찻잔이 있고, 녹차를 마실 때는 녹차에 맞는 찻잔이 따로 있다. 찻잔이 크건 작건, 넓든 좁든 어느 찻잔이나 그 역할이 다르다는 뜻이다. 그러니 사람도 마찬가지일 것이다. 인품이나 인성에 있어 어떤 사람이든 그 사람의 가치와 아름다움이 있기 마련이다. 그 사람만이 잘할 수 있는 것이 있고, 그 사람만이 간직한 고유한 인격이 있는 법이다.

고등학생들이 선망하는 직업이 법조인이나 의사, 교사라고 한다. 법조인이나 의사라고 해서 좋은 인격에 훌륭한 사람이고, 거리에서 청소하는 이라고 해서 못난 성품을 가진 사람이라고 할 수 있을까? 어느 누가 인생을 더 잘 살았고, 어느 누가 못 살았다고 판단할 수 있을까? 어떤 직업이 성공한 직업이고, 어떤 직업이 실패한 직업이라고 정의할 수 있을까? 어느 누구도 판단할 수 없다. 누구나 그 사람 나름대로 열심히 살고 있으며, 자신의 길에서 자신의 길을 가고 있는 것이다.

사람들은 그 나름 자신만의 향기를 품으며 세상을 살아가고 있다. 다양한 사람들이 모여 살기에 이 세상은 아름다운 것이요, 살맛나는 인생인 것이다. 관건은 우리가 각각의 인품을 볼 줄 알고, 나보다 상대가 못난 것이 아니라 서로에게 차이가 있음을 인정해주는 것이다. 바로 이렇게 수용할 때 오만과 편견에서 벗어날 수 있다. 그러니 우리 서로를 이해해주자! 그리고 겸손해지자!

생각의 관점을
바꿔라

:

《벽암록》에 '담판한擔板漢'이라는 말이 있다. 어떤 사람이 널따란 긴 나무판을 한쪽 어깨에 짊어지고 가다 보니, 반대편의 풍광을 보지 못하고, 한쪽 면밖에 볼 수 없는 경우를 말한다. 이 말의 속뜻은 한쪽만 바라보고, 다른 쪽의 의견이나 사상을 받아들이지 못하는 어리석은 편견을 의미한다.

이 담판한에 대해 여러 측면에서 생각해볼 수 있다. 자신의 학문 세계나 철학, 종교적 신념, 자신이 몸담고 있는 사회적인 관념 등 다양한 데서 사유해볼 수 있다. 이 담판한은 한마디로 외곬수의 편견이라고 단언할 수 있다.

　인생을 살아가는 데 있어, 뚜렷한 주관이나 관점은 중요하다. 하지만 지나친 아집이나 아만심에서 형성된 주관이나 관점은 문제가 된다. 반드시 염두에 두어야 할 점은 다른 사람도 그 주관과 관념을 소중히 여긴다는 점을 인정하는 것이다.

　특히 외곬수적인 측면이 잘 드러나는 지점이 종교적 신념이 아닐까 싶다. 한 나라 안에서도 종교문제로 시끄러울 뿐만 아니라 국제적으로도 심각한 상황에 처해 있다. 2015년 파리의 한 주간지 〈샤를리 에브도〉 사무실에서 이슬람교도들의 테러가 발생해 12명이 사망하는 사건이 있었다. 테러를 당한 〈샤를리 에브도〉는 풍자전문 주간지로서 몇 년 전에도 이슬람의 예언자 무함마드를 부정적으로 묘사하는 카툰을 실어 이슬람 극단주의들로부터 수차례 테러위협을 받았다고 한다. 테러를 당한 날 〈샤를리 에브도〉가 오전에 이라크의 수니파 극단주의 무장단체인 IS Islamic State의 지도자를 풍자하는 카툰을 트위터에 올렸던 것이 화근이 되었다.

　이슬람인들의 우상숭배금지에 따른 사건은 자주 발생한다. 아프가니스탄에 있는 바미안 석불石佛은 세계 최대의 석불이다. 이 석불은 아프가니스탄 바미안 주의 힌두쿠시산맥의 절벽 한 면에 모셔져 있었다. 6세기경에 조성되었으며 그리스 조형미술의 영향을 받은 간다라 양식으로, 세계적인 문화유산이었다. 그 옛날 신라나

중국 구법승들이 서역을 지나 인도로 가는 길녘, 멀리서도 바미안 석불이 보였다고 할 만큼 여러 기록에 등장한다. 그런데 2001년 국제사회의 반대에도 이슬람 원리주의를 내세운 탈레반 정권이 로켓탄으로 석불을 파괴해버렸다.

 그렇다면 한번쯤 재고해보자. 이슬람교에서는 무함마드를 그림으로 나타내는 것이 금기시된다고 한다. 하지만 현대사회는 신문이나 출판에서 표현의 자유를 인정하고, 이 또한 다양성의 측면에서 받아들이고 있다.

 종교도 사람이 만든 철학의 일종이다(물론 이 말도 필자의 편견일 수 있다). 자신의 철학과 상대방의 철학적 세계가 다르다고 자기 관점으로 상대방을 해치거나 살상하는 것은 지독한 편견이요, 아집이다. 자신이 믿는 종교가 우상숭배를 부정한다고 다른 종교, 출판이나 신문에서 이를 표현하는 것조차 자신의 종교적 관점으로 비판하는 일은 있을 수 없다.

자신의 종교와 다르다는 것,
자신의 사고관념과 다르다는 것은
상대방이 틀렸다는 뜻이 아니라
'종교관의 차이', '사유관념의 차이'일 뿐이다.
그 차이를 인정하지 않고

내 주장만을 내세우는 일은 어리석은 행동이다.
현대를 살아가면서 종교와 철학, 정치의 차이에서
발생되는 다양화를 받아들이는 아량과 지혜도
현대인의 필수교양이 아닐까?

바퀴벌레도 삶에 대한 애착이 강하다

:

언제부터인가 집안 구석에서 바퀴벌레가 간혹 보이기 시작하더니 두어 달 후, 점점 수가 늘어나는 것이 실감될 정도로 눈에 자주 띄었다. 신도님들이 바퀴벌레를 퇴치하는 약을 사오겠다고 해서 혹 살아 있는 바퀴벌레를 죽이는 것이 아니냐고 물었더니, 그냥 퇴치만 한다고 하였다. 이후 약을 이곳저곳 놓았더니, 여기저기서 죽은 바퀴벌레가 눈에 띄었다. 퇴치가 아니라 죽이는 약이었다. 참으로 난감했다. 어쩔 수 없는 일이라고 하면서도 마음 한구석이 무겁다. 아무리 나를 불편하게 하는 존재이지만,

살아 있는 생명체를 죽이는 것 자체가 내 스스로 용납되지 않았다. 승려들의 계율에는 살아 있는 나뭇가지도 꺾지 말라고 한다. 승려인 나로서는 이런 관습법적인 생활이 몸에 배어 있어 생명을 함부로 죽이는 것 자체가 마음이 편치 않다.

　이런 필자의 사고 때문인지, 가끔 TV 요리 프로그램에서 살아 있는 해산물을 함부로 죽이는 장면을 볼 때 난감하다. 그 음식을 먹는다고 탓하는 것이 아니다. 펄펄 끓는 탕에 살아 있는 문어를 가위로 잘라 넣거나 살아 있는 생명체를 잘게 잘라 입에 넣고 씹는 장면이 방영되어서다. 이런 것은 아이들 교육상으로도 좋지 않아 보인다. 우리는 어류나 동물을 먹지만, 그 생명체를 존중해주는 면이 있어야 한다. 이런 생각을 하고 있는 이즈음, 티베트승려 팔덴 갸초의 자서전을 읽었다. 자서전에 이런 내용이 전한다.

　스님이 어릴 적, 아직 출가하지 않은 9살 때 할머니를 따라 사찰에 참배하러 갔다. 할머니와 어린 꼬마는 대법당에 들어가서 부처님 쪽을 향해 기도문을 외웠다. 참배를 마치고 나와서 어린 꼬마가 할머니에게 물었다.

　"할머니, 무슨 기도문을 외우셨어요?"

　"마음이 있는 존재들이 모두 평안하고 세상에 아픈 사람이 모두 없기를 기도했단다."

　　자연계는 약육강식의 생태계이지만, 나보다 하열한 생명체에 대한 행복을 위하는 자세가 필요하다. 요즘에는 머리카락이나 몸에 이가 없지만 옛날에는 옷이나 머리에 이가 많았다. 옛날에 스님들은 옷을 갈아입을 때 옷을 바로 빨지 않고 나무 위에 잠시 걸어 두었다. 옷을 걸어둔 사이에 이가 빠져나가는 것을 기다렸다가 빨래를 했던 것이다. 또 스님들은 하수구에 뜨거운 물도 그냥 버리지 않고 잠시 식혔다가 버리거나 찬물과 섞어서 버린다. 뜨거운 물을 바로 버림으로써 하수구에 기생하고 있는 무수한 벌레들을 살생하기 때문이다. 필자는 처음 출가해 이 점을 잘 지키지 않아 어른들에게 걱정을 많이 들었다.

　　필자가 이 글을 쓴 것은 불교계율을 언급하려는 의도가 아니다. 우리들이 동물이나 해산물을 음식으로 먹지만 생명에 대한 존중을 한 번쯤 생각해보자는 말이다. 또 가끔 고양이나 개를 함부로 해치는 사건이 종종 발생하는데, 그들도 인간과 똑같이 아픔을 느낀다는 점을 염두에 두자.

피해자는 많은데,
왜 가해자가 없을까?

:

요 근래는 대학생들의 과제를 받는 시기이다. 과제를 부과하고 며칠 전에 과제를 받았다. 과제는 4~5가지를 내주고 학생들이 그중 한 가지를 선택하도록 한다. 과제 가운데, 자신을 생각해보는 내용이 있다. 즉 이제까지 살아오면서 자신의 행동에 대한 잘잘못을 써보고, 현재 자신의 삶에서 지향해야 할 인생관이 무엇인가를 쓰는 일이다.

수강생들 중에는 신입생이 많다 보니, 중고등학교 시절 이야기를 많이 쓴다. 그 시절에 겪었던 상처받은 이야기를 주제로 한 경우가 많은데, 열 명 중에 한 명꼴로 왕따경험을 서술한다. 그런데 묘한 점을 발견했다. 과제가 백여 개 정도 되는데, 왕따경험으로 상처받은 학생들은 많은데, 학생들 중에 자신이 누군가를 왕따시켰다는 자책의 글은 하나도 없더란 점이다.

그렇다면, 피해자는 많은데 왜 가해자의 참회나 자책의 내용은 없는 걸까? 그 원인을 가만히 살펴보자. 인간은 남에게 피해 받고 고통받은 것은 잊지 않고 상대를 원망하지만, 상대에게 고통을 준 악한 마음은 의식하지 못하기 때문이다. 실은 누구나 피해자인 적도 있지만, 동시에 가해자인 적도 있다. 아이들이 재미 삼아 연못에 돌을 던지지만, 그 연못에 살고 있는 개구리나 작은 미생물들은 삶과 죽음의 갈림길에서 고통받는다. 자신은 아무렇지도 않게 상대에게 욕을 하거나 비난하는 행동을 하지만, 상대방은 그 상처로 인해 오랫동안 고통을 받는다. 어떤 이는 그 고통을 회복하지 못하고 우울증이나 자살에까지 이르는 사람도 있다.

《숫타니파타》에 이런 말이 있다.

난폭하고 잔인하며, 친구를 험담하고 배신하는 것, 오만하고 편견이 심하며, 인색해서 남에게 베풀지 않는 것, 바로 이런 행위가 비린 것이지 육식肉食이 비린 것이 아니다.

불교는 육식을 금하기 때문에 이런 비유가 있다. 곧 동료에게 비난을 하거나 못되게 하는 행동은 인간으로서의 도리가 아니라는 뜻이다.

인간이 만물의 영장이라고는 하지만 이기적인 동물이다. 늘 자신의 기준에서 타인 및 대상경계를 바라보기 때문에 타인의 아픔보다는 자신의 아픔을 깊이 각인한다.

불교의 계율중 불살생이 있다. 생명 있는 존재를 살생하지 말라는 계율인데, 반드시 생명을 해치는 것만이 살생이라고 생각지 않는다. 입으로 상대방을 헐뜯거나 비방하였다면, 이는 육신이 아닌 영혼(정신)을 살생한 것이나 다름없다.

인간은 100% 선인도 없지만, 100% 악인도 없다. 부처가 아닌 이상 누구나 타인을 해할 수 있다. 중요한 점은 고의가 아닐지라도 상대방이 상처받았다면 사과를 반드시 해야 한다는 것이다. 상대방이 그 사과를 받고 안 받고는 상대방의 몫이다.

그 반대로 상대방에게 상처를 받았을 때, 두 가지를 염두에 두어보라. 첫째, 마음을 돌이켜 역지사지의 상황을 받아들여 상대방을 수용하는 자세를 갖는 것이 어떨까? 둘째, 인간에게 상처 없는 삶이란 없다. 고난을 극복한다면 '역경'이라는 바람에 내성이 생겨 이후 어떤 고통스러운 바람이 불지라도 아무렇지도 않게 받아들일 마음의 근육이 생길 것이다.

아파하지 말라. 모든 것은 다 지나간다!

낮은 데로
임하소서

:

　　　　　원고에 진척이 없거나 삶의 매너리즘에 빠질 때가 종종 있다. 이럴 때, 마음을 쇄신하기 위한 방법으로 10여 분 떨어진 거리에 있는 재래시장을 방문한다. 특별히 구매할 물건이 있어서가 아니라 재래시장의 풍광을 보기 위해서다. 길바닥에 나물 몇 가지를 놓고 손님을 하염없이 기다리는 할머니, 잠깐의 계절 장사일 듯한 호떡장사, 중고물품 옷가지를 파는 사람들, 부침개를 직접 해서 팔고 있는 아주머니 등등 각양각색의 사람들이 살아가기 위해 분투하는 모습을 본다. 그 모습을 보면서 얼마나 삶이 치

열한가를 느낀다. 특히 영하 10도 이하로 떨어지는 추운 날씨에도 불구하고 일하는 노동자를 볼 때는 더더욱 마음이 짠하다.

올해는 설 전날에도 재래시장을 방문했다. 설특수를 누리기 위해 애쓰는 떡방앗간이나 과일가게, 생선가게, 정육점을 보면서 그곳에서 일하는 사람들과는 인연도 없지만 그분들에게 감사함을 느꼈다. 저들이 있기에 내가 존재할 수 있기 때문이다.

오래전에 중국에서 설을 보낸 적이 있다. 중국인들은 설을 중시하며, 민족대이동이라고 할 만큼 수많은 인파가 이동한다. 백화점이나 큰 마트, 공원, 버스터미널, 기차역에 가보면 인간파도를 연상할 정도로 인파로 붐빈다. 물론 고향을 가기 위해 온 이들도 있지만, 장사를 하고, 운전기사 노릇을 하고, 주차관리를 하는 하층민 노동자들이 많다.

우리나라도 설기간에 집에서 가족과 즐거운 시간을 보내는 것이 아니라, 일터에서 보내는 이들이 많이 있다. 경찰, 의료업계, 병원과 약국, 나라를 지키는 군인, 소방관, 고속버스 기사, 서비스업계 종업원 등등 수많은 이들이 타인들이 가족과 즐겁게 보낼 시간에 일을 한다. 미국의 권투선수 무하마드 알리 Muhammad Ali(1942~2016)의 어록 중에 이런 내용이 있다.

꽃이 필 때 꽃의 아름다움만 보았지, 땅의 노고를 알지 못했다. 바람이 불 때 꽃대가 꺾일까 염려만 했지, 바람이 꽃을 피운 것을 몰랐다. 뉴욕의 거리에서 화려한 불빛만 보았지, 저 아래 깊숙한 곳에 지치고 곤궁한 사람들의 표정이 있다는 것을 알지 못했다. 하나는 보고 하나는 모르는 나는 절름발이로 살아가고 있다.

　명절이라고 누군가는 편히 쉴 때, 어느 누군가는 추위에 떨며 노동을 한다. 내가 행복한 삶을 누릴 때, 내 행복을 위해 피땀을 흘리는 이들이 있다. 이 '세상'이라는 것이 그저 굴러가는 것이 아니다. 보이지 않는 인연으로 얽힌 속에 도움 받고, 도움을 주며 살아간다. 수건 하나도 자신이 만들어 쓰는 것이 아니지 않는가? 전혀 관련 없는 사람들, 다른 삶처럼 보이지만 이 세상 수많은 존재들의 도움으로 내가 살아가는 것이다.
　자신이 남들보다 잘나서 높은 자리에 있다고 자만하지 말라. 낮은 자리에서 신음하는 이들이 있다. 그러니 낮은 위치에 있는 사람들에게 따스한 위로의 말을 건네는 것이 어떨까? 내가 살아갈 수 있도록 함께 이 세상에 공존해줘서 감사하다는 뜻으로….

오리털 잠바에
숨겨진 비애

:

생명살상과 관련해 생각거리를 던져주는 신문기사를 읽었다. '유전자학의 대부'라 할 정도로 그 분야의 대가인 서울대학교 의대 교수의 인터뷰였다. 그는 유전자조작 마우스㈜를 연구하고, 국내외 특허도 받으며 세상에 알려진 지 오래다.

그런데 그는 매일 아침 불교경전 가운데 하나인《금강경》을 두 차례 독송한다고 한다. 불교신자라서 아니라, 독송하고 나면 마음이 편안해진다는 단순한 이유에서라고 한다. 또 그는 채식주의자라고 하면서 "전에는 고기가 없으면 밥을 먹지 못했는데, 마흔 넘어 육식을 뚝 끊었다"라고 밝혔다. 인터뷰 내용 중 일부를 소개하면 이러하다.

"인류를 위한 연구라지만 쥐들에게 정말 못할 짓이죠. 미량이나마 피를 뽑다 보면, 쥐가 털을 바짝 세우며 분노하는 걸 느낍니다. 쥐에 대한 속죄라고나 할까요. 지금도 종종 위령제를 지냅니다."

"쥐에게서 소량의 피를 뽑을 때, 쥐가 털을 세우며 분노한다"는 말에 필자도 가슴이 아릴 만큼 철렁하다. 쥐도 엄연히 생명체인데, 아파하는 것이 당연하지 않은가! 이러할진대 일부 실험자들은 인류를 위한 일이라고 정당화하는 것은 아닐까? 이 교수님이 채식을 하고, 불교경전을 읽는 것은 실험용 쥐에 대한 참회와 존재를 존귀하게 여기는 마음에서 비롯된 것이 아닌가 싶다.

전 세계적으로 의약품만이 아니라 화장품이나 식품 등을 개발할 때도 토끼, 돼지, 쥐 등 수천만 마리가 희생된다고 한다. 또한 악어핸드백 하나를 만들기 위해 희생되는 악어가 한두 마리가 아니다. 겨울이면 누구나 흔히 입는 오리털 옷의 경우 생명경시가 더욱 심각하다. 오리가 죽은 다음에는 털이 잘 뽑히지 않아서 산 채로 털을 뽑는다는 것이다.

또 의약 신제품을 개발하기 위해 쥐나 돼지, 원숭이 등을 우리 안에 가둬놓고 주사기로 암을 유발시키고, 암치료가 되는지를 확인하기 위해 수많은 약을 투여하며, 심지어는 독약을 투여하기도 한다. 개나 고양이를 걷어차 즉사시키거나 뜨거운 물에 던지고, 고층에서 내던져 죽게 하는 등 생명을 함부로 다루는 사례도 우리 주변에 종종 있다. 《법구경》에 이런 구절이 있다.

모든 생명은 채찍을 두려워하고, 살기를 좋아한다.
자신의 생명을 소중히 여기는 것처럼 남을 죽이거나 해롭게 하지 말라.

어찌 보면 인간은 자신을 가장 사랑하면서도 생명을 살상하는 이기적인 존재이다. 우리가 어쩔 수 없이 생명을 살상하지만 이 점만은 염두에 두면 어떨까 싶다.

인류가 누리는 문명의 혜택 뒤에는 수많은 동물들의 한과 눈물이 어려 있다. 아프다고 먹는 의약품도 동물들의 실험을 거친 것이고, 아름다움을 추구하는 화장품도 동물의 희생을 거쳐서 우리가 사용한다. 그러니 생명에 대한 최소한의 존중심은 가져야 한다. 모든 존재가 지상에서 함께 숨 쉬는 공존의 생명체라는 의식을 갖자.

오해와
편견

⋮

　　　　　오해와 편견으로 빚어지는 슬픈 일이 종종 있다. 베트남의 한 남자가 전쟁터로 떠나게 되었다. 떠날 때 그에게는 임신한 아내가 있었다.

　남자는 아내에게 꼭 살아서 돌아오겠다는 약속을 하였다. 마침내 전쟁이 끝나고, 이 남자는 다행히도 무사히 귀향하였다. 3년 만에 처음으로 보는 아들을 품에 안으며 그는 기쁨의 눈물을 흘렸고, 많은 사람들의 환영을 받았다.

　며칠 후, 그 집안에 제사가 있어 부인은 시장에 음식재료를 사러갔다. 그 남자는 아들과 단둘이 있는 시간에 아들과 친해지려고, 자신을 '아빠'라고 부르라고 하였다. 그런데 아이가 이상한 말을 하였다.

"아저씨는 우리 아빠가 아니에요. 우리 아빠는 다른 사람이에요. 아빠는 밤에 집에 와요. 아빠가 집에 들어오면 엄마는 아빠와 오랫동안 이야기하면서 울었어요. 아저씨는 우리 아빠가 아니에요. 우리 아빠는 따로 있어요."

이 말을 듣자, 그 남자는 순간적으로 심한 모욕감을 느꼈고, 아내에게 배신감이 들었다. 잠시 후 아내가 돌아왔는데도 이 남자는 아내를 똑바로 쳐다보지 않았다. 이유 없이 남편이 자신을 멀리하자, 점점 부부 사이가 벌어지기 시작했다. 시간이 흐를수록 두 사람의 관계는 더 심각해졌다. 급기야 아내는 물에 빠져 자살하고 말았다. 부인의 장례식을 치르고 온 날 밤, 아빠와 아들이 마주앉았다. 그가 등잔불을 켜자 아들이 "아빠가 왔어요"라고 외치면서 벽에 비친 그림자를 가리켰다.

죽은 아내는 남편의 생사가 걱정되고, 그리울 때마다 자신의 그림자를 남편으로 생각하고 혼잣말을 하며 눈물 흘렸다. 그러고는 아들에게 등잔불에 비친 자신의 그림자를 가리키며 "네 아빠란다"라고 말했던 것이다. 그제야 그 남자는 아들이 아버지가 밤에 온다는 말을 이해하게 되었다.

오해로 빚어진 가족의 참극이라고 할 수 있다. 남편이 아내에게 아이의 말을 전하면서 한번쯤 자초지종에 대해 묻기라도 했다면, 그런 비극은 일어나지 않았을 것이다. 결국 아이의 단순한 말 한마디가 오해에 오해를 낳은 것이다.

셰익스피어의 4대 비극 가운데 하나인 〈오셀로Othello〉도 이와 유사하다. 주인공 오셀로는 아내가 갖고 있는 손수건을 보고, 아내가 자신의 부하와 부적절한 관계를 맺었다고 오해한다. 그는 점점 아내를 색안경을 끼고 보았고, 결국 아내를 죽인다. 이후 아내가 결백했다는 사실이 밝혀지자, 오셀로도 자살을 한다. 자신의 관점으로 본 것을 그대로 믿고 오해한 뒤에 자신이나 주위 사람 모두를 구렁텅이에 빠뜨린 뒤에야 진실을 깨달은 것이다.

인간이란 존재는 눈으로 보고, 귀로 듣고, 입으로 맛보는 등 감각적인 것만으로 판단해버린다. 그래서 불교에서는 눈·귀·코·혀·몸을 5적五賊, 즉 다섯 도적이라고 말한다. 인간의 참된 성품을 방해하기 때문에 감각기관을 도적이라고 붙인 것이다. 눈으로 보는 것이 다가 아니고, 귀로 듣는 것이 다가 아니다. 수행이나 명상을 통해 모든 현상의 본질을 꿰뚫어 볼 줄 아는 안목이 필요하다. 곧 자신의 견해와 그릇된 판단, 편견을 줄일 수 있도록 자신을 관조하는 시간을 갖고 명상을 해보는 것도 괜찮을 듯하다.

혹 그럴 만큼의 시간적 여유가 없다면, 마음의 문을 활짝 열자. 상대방과 허심탄회한 대화를 통해 진실을 전하고, 상대방의 진실을 받아들이는 것도 어떨까 싶다.

있는 그대로를 사랑하라

:

경제학자인 애덤 스미스 Adam Smith(1723~1790)는 이기심과 이타심을 하나로 보았다. 모든 사람들이 잠재적으로 이기심을 갖고 있고, 이기심의 에너지로 남들과 경쟁하며 살아간다는 것이다.

그러나 사람은 혼자 살 수 없는 존재이기에 이기심을 충족시키려면 남들의 이목이나 시선을 신경 쓸 수 밖에 없다. 남의 행동을 관찰하고 남의 생각을 헤아리며, 남의 시선을 의식한다. 그러기 때문에 이타심으로 남을 돕게 되는 것이다.

애덤 스미스의 이론에 따르면 우리가 걸인에게 적선을 하는 것도 자기 마음이 편해지려는 이기심에서 나오는 행동이고, 부자가 빈민을 돕는 것도 다른 이의 시선을 의식하는 행동인데, 명예를 위한 그 이기심이 자신이 지출한 돈에 대한 이기심보다 더 크기 때문에 그렇게 행동한다는 것이다.

불교사상의 관점에서도 애덤 스미스의 이론은 어느 정도 일리가 있다. 불교에서는 사람의 심성을 극단적으로 '착하다, 악하다' 하고 정의하지 않는다. 모든 사람이 예수나 부처 같은 성인도 될 수도 있지만 히틀러와 같은 사람도 될 수 있다고 보는 것이 불교의 관점이다.

즉 가능성이 있는 존재이기에 마음을 닦는 명상이나 수행을 통해 얼마든지 진정한 인간(성자)으로 거듭날 수 있는 것이다. 사람은 어느 누구나 이기심과 이타심을 동시에 갖고 있는데, 어느 쪽으로 자신을 발전시키느냐에 따라 천사가 되기도 하고, 악마가 되기도 한다.

물건이나 금전으로 남에게 베푸는 것을 불교에서는 보시布施라고 한다. 그런데 남에게 무언가를 베풀 때 생색을 내지도 말고, 상대에게 보답을 바라지 않아야 하며, '착한 사람'이라는 이미지를 위해 행하지 말라고 가르친다. 또 착한 행위를 함으로써 다음 세상에 좋은 곳에 태어나고자 하는 보답을 희망하며 복을 짓지도 말라고 한다.

그런데 부부, 형제, 자식, 친구 등 인간관계에서 우리는 베풀고 사랑한 만큼 상대방에게 보답을 바란다. 아니, 자신이 준 사랑보다 더 큰 요구를 한다. 만약 그 보답으로 사랑이 오지 않으면 마음에 깊은 상처를 안고 이별한다. 상대방의 있는 그대로를 사랑하지 않고 '보답'이라는 조건을 염두에 두기 때문에 참다운 인연으로 발전되지 못하는 것이다.

나는 스님으로서 신도들이나 학생들 앞에서 솔직한 모습을 보이고, 베풀려고 노력한다. 솔직함이 인간적인 신뢰감을 쌓는 도구라고 생각하고, 스님으로서 베푸는 모습이 수행자답다고 생각해서다. 하지만 어쩌면 이런 것도 위선을 가장한 행동이 아니었을지 나의 내면을 들여다본다.

우리 모두 어떤 행동을 했을 때, 진심이 담겨 있었는지를 생각해보자. 선행을 가장한 위선, 이타심을 가장한 이기심이 아니었는가를 반성해보자는 것이다. 상대방의 있는 그대로를 사랑하지 않고 자신의 이기심이 담긴 사랑, 보답을 요구한 인연 맺기가 아니었는지 생각해보자.

진정한 마음이 아니라면 차라리 베풀지 않는 편이 나으며, 착한 사람처럼 억지 행위를 할 필요가 없지 않은가?

있는 그대로의 모습,
솔직한 모습으로 서로에게 다가가자.
진실한 모습으로….

어머니와 아내 그리고 예쁜 딸

:

　　　　　　어떤 여성이 버스 2인석 의자의 통로 쪽에 앉아 스마트폰을 보고 있다. 다른 사람이 앉을 수 있도록 창가 쪽 자리로 들어가 앉아야 하는데, 그녀는 그대로 통로쪽 의자에 앉아서 폰을 보고 있었던 모양이다. 이 광경을 목격한 한 남성이 페이스북에 그녀를 비난하는 글을 올렸다. 그런데 공공질서에 대한 그녀의 잘못된 점을 지적하며 비판한 글이 아닌, 모든 여성을 비하하는 내용이었다. 이는 옳은 행동이라고 볼 수 없다.

　　모 방송인은 한 잡지칼럼에서 "여성주의(페미니즘)가 이슬람 과격

주의 테러집단(IS)보다 위험하다"라는 제목의 글을 써 물의를 빚기도 하였다. 근자에 들어 여성을 김치녀, 된장녀라는 등 모욕·멸시·조롱하는 일이 비일비재하다. 여성을 겨냥한 멸시와 공격이 잦아지고, 여성을 혐오하는 분위기가 확산되고 있다. 그것도 익명으로 하다 보니, 여성비하가 더욱 심각해지고 있는데, 여기에는 뿌리 박힌 가부장적 요인이 숨겨져 있다고 보인다.

여성이 열등하다는 의식이 언제부터 발생한 것일까? 하루아침에 형성된 것은 아니다. 동서양을 떠나 역사적으로 여성과 남성의 대결 구도는 존재해왔다. 현재에도 존재한다. 실은 고대 이래로 현대까지, 남녀대결구도가 아니라 정치계나 종교계, 기업 등 모든 면에 있어 여성은 열악한 위치에 놓인 편이다. 양성평등권익이 어느 나라에서나 합법인데도 여성폄하는 관습적으로 뿌리박힌 관행인 듯하다.

유리천장(glass ceiling)이란 말이 있다. 여성들의 고위직 진출을 가로막는 보이지 않는 장벽을 뜻하는 말이다. 미국의 경제 주간지 〈월스트리트저널〉이 1979년 휴렛팩커드의 회사에서 여성승진의 어려움을 묘사한 기사에서 비롯된 말이다. 자유민주주의가 보장된 현대서양에서도 여성권익이 보장되지 못하고 있는 실정이다.

여성폄하와 멸시에 대해 종교계에서 양성평등, 인권존중을 사람들에게 계도啓導해야 하는데, 불교를 포함해 뭇 종교의 여성 성직자의 양성평등 현실이 더 열악하다. 기독교에도 여러 파가 있어 일부에서는 여자 목사님이 있지만 소수에 불과하고, 영국성공회의 경우, 목사이자 신부인 성직자가 있는데 여기에 일부 여자 목사님이 있지만 관례적으로 여자 목사님은 존재하지 않았다. 천주교에서도 수녀는 신부를 보좌하는 역할이다. 불교의 비구니스님도 다른 종교보다는 양성평등 면에서 낫지만, 현실적으로 차별을 당한다.

필자가 이렇게 부정적인 상황을 나열했지만, 긍정적인 측면도 많다. 한국도 이제 호주제가 폐지된 지 오래되었고, 엄마와 아빠의 성을 함께 붙여 쓰는 사례도 늘고 있다. 또 아이가 아빠와 살지 않을 경우, 엄마의 성을 따를 수도 있다.

2015년 3월 발표에 따르면, 성性 중립성을 띠는 대명사가 스웨덴에서 사용되었다. 스웨덴학술원은 새롭게 소개하는 1만 3,000여 개 단어에 남자도 여자도 아닌 대명사 'hen'을 공식적으로 포함한다고 하였다. 'hen'은 스웨덴에서 남자를 가리키는 'han(영어로 he)'과 여자를 가리키는 'hon(영어로 she)'을 합한 단어다. 이 단어는 자신이 굳이 남자인지 여자인지 알리기 원치 않는 사람을 가리키는 대명사로 쓰일 것이라고 한다.

이렇게 양성평등을 상징하는 의미의 단어까지 등장하고 있다. 사회에서 갑질논란이 있듯이 여성비하는 성의 갑질이라고 생각된다.

어느 여성이든 인간으로서 존중받기를 원하고,
행복하기를 원한다.
여성이라는 존재만으로 차별받을 수는 없다.
한번쯤 되새겨보면 어떨까?
'나의 어머니도 여자이고,
나와 함께 인생을 꾸려가는 배우자 또한 여성'이라는 것을….

가진 만큼
골치가 아프다

:

니코스 카잔차키스의 《그리스인 조르바》에서, 한 친구가 조르바에게 결혼을 했느냐고 묻는다. 그러자 조르바는 당연히 결혼을 했고 아이도 있다고 말한다. 그러고는 마지막에 이렇게 덧붙인다.
"그런데 온갖 골칫덩어리의 인생인걸요."

영원한 아군인 가족은 자신을 행복하게 해줘야 하고, 살고 있는 집은 자신에게 아늑함을 주어야 하며, 소유한 물건은 내 물건이니 나를 행복하게 해줘야 하는 법이다.

그런데 아군인줄 알았던 배우자는 간혹 적군이 되고, 토끼 같은 자식들은 내게 힘겨움만 안겨주며, 안식처인 집은 여기저기 고장이 발생해 자신을 귀찮게 한다. 참으로 아이러니한 인생이다.

《법구경》에서는 "자식이 있으면 자식 때문에 근심할 일이 생기고, 소가 있으면 소 때문에 걱정할 일이 생긴다"라고 하였고, 또 경전에서 "논이 있으면 논을 걱정하게 되고, 집이 있으면 집을 걱정하게 된다"라고 하였다. 자신이 소유한 만큼 근심걱정도 비례해 생긴다는 뜻이다. 반면 가난한 집에는 도둑이 방문할 일이 없으니 그들은 다리를 뻗고 자고, 부자는 쌓아놓은 돈을 도적이 훔쳐갈까 봐 두려워 쪼그리고 잔다고 했으니 한번쯤 생각해볼 일이다. 이렇게 우리 중생들의 삶은 자신이 원하지 않아도 재물을 소유한 만큼, 또 사람과 인연 맺은 만큼, 그만큼의 고통과 고뇌가 발생하게 되어 있다.

우리는 자신의 소유물과 인연으로 행복해야 하는데, 왜 늘 불행과 불안을 안고 있어야 하는가. 그 원인에는 바로 두 가지가 있다고 생각된다. 먼저, 인연과 소유물에 집착하기 때문이다. 또한 손해 보지 않으려는 이기심이 강하다 보니, 그 상대적인 반작용으로 행복보다 불행을 느끼는 것이다.

필자는 자동차를 소유하고 있다. 운행하는 시간보다 주차해 놓는 시간이 많아 경제적으로 보자면 아깝지만 차가 꼭 필요하다. 기관지가 별로 좋지 않아 봄가을에는 감기에 자주 걸리고, 강의 때문에 외출을 하기 때문이다. 봄가을에 운전하거나 자동차에 책을 싣고 다닐 때는 편안함을 느끼기도 한다.

그런데 세차부터 시작해 점검, 자동차세를 내는 일, 비싼 기름을 주유할 때마다 생기는 손실을 먼저 생각하곤 한다. 바로 자동차를 소유한 만큼 골치가 아픈 건 당연한 일이건만 손해 보지 않고 이익만 바라기 때문에 그 소유물을 골칫거리로 생각하는 것이다.

골치 아프면 소유하지 않으면 되는데, 굳이 소유하면서 투덜거린다. 그렇다고 중생들의 삶에서 골칫덩이라고 아무것도 소유하지 않을 수는 없는 일 아닌가.

그렇다! 이 세상의 상대적인 법칙을 이해하는 일이다. 인연에서는 그들로 하여금 행복을 얻었으니 당연히 아픔을 치러야 하는 법이요, 소유물로 편한 만큼 그 대가는 치러야 하는 법이다. 이는 자연의 법칙이요, 인생의 법칙이다. 내 욕심과 이기심만 줄인다면 소유물과 인연은 골칫덩어리가 아닌 바로 행복덩어리가 될 것이다.

부족함과 지족

:

　　　　　　　　　　기원전 4세기 고대 그리스 철학자 플라톤_{Platon}
은 사람이 행복해지기 위한 조건으로 다섯 가지를 꼽았다.

　　　　첫째, 먹고 입고 살기에 조금은 부족한 듯한 재산.
　　　　둘째, 모든 사람이 칭찬하기엔 약간 부족한 듯한 외모.
　　　　셋째, 자신이 추구하고 바라는 것보다 사람들로부터 50%밖
　　　　에 인정받지 못하는 명예.

넷째, 남과 힘으로 겨루었을 때 한 사람에게는 이기고, 두 사람에게는 질 정도의 체력.

다섯째, 연설을 했을 때 청중의 50%만 박수를 받을 정도의 부족한 듯한 언변.

시대를 초월해 모든 사람들은 남들보다 똑똑해야 되고, 남들보다 재산이 많아야 하며, 남들보다 외모도 출중해야 하는 등 모든 면에서 뛰어나기를 지향한다. 특히 우리나라 사람들은 1등 지향주의가 팽배해 1등 한 자만 살아남는다는 말이 있을 정도이다.

그런데 플라톤이 제시한 다섯 가지 행복조건을 다시 한 번 꼼꼼히 읽어보라. 공통적으로 쓰인 단어가 있다. 바로 '부족함'이라는 단어이다. 뭔가 모순이 있는 말들이 아닌가? 부족한데 어떻게 행복할 수 있는가?

필자의 견해로 볼 때, 이 부족이라는 말 속에는 작은 것에 만족할 줄 아는 지족知足의 의미가 담겨 있다. 인간은 자신이 가진 것에 만족하지 못한다. 모든 사람들은 설령 원하는 것을 손에 쥐어도 거기에 만족하지 못하고, 또 다른 욕망을 꿈꾼다. 만족할 줄 모르니 남들과 계속 비교하면서 상대적인 박탈감을 느끼고 우울증세까지 보인다. 즉 '부족'이란 상대와의 비교를 통해서 나온 박탈감의 깊이인 셈이다.

부탄Bhutan은 네팔과 접경해 있는 작고 가난한 국가이다. 2010년 유럽 신경제재단NEF이 국가별 행복지수(Gross National Happiness, GNH)를 조사한 결과 1위는 바로 부탄의 차지였다. 1인당 국민총생산이 2,000달러밖에 되지 않는 나라인데, 이 나라의 국민은 행복을 느낀다. 이 나라는 불교인구가 90%인데, 당시 조사에서 부탄인들은 "불교도로서 현재 마음의 행복을 중시하고, 다음생에 더 좋은 존재로 태어나기 위해 타인에게 선행을 베푸는 것 자체가 복을 짓는 것"이라고 밝혔다고 한다.

또 미얀마는 근래 경제발전에 있어 발돋움하고 있지만, 여전히 가난한 나라이다. 필자도 몇 년 전에 그곳에 살다왔지만, 가난이 심각해 안쓰러울 정도다. 그런데 이 나라가 2014년 미국을 제치고 기부를 가장 많이 한 나라로 꼽혔다. 가난하지만 베풂으로 행복을 느낀다고 한다.

우리의 경우에도, 기초생활수급자인 할머니가 불우이웃돕기성금으로 200만 원을 기부하고 쪽방촌 사람들이 성금을 모아 방송국에 보내기도 한다. 이런 방송을 접하면 부끄럽기도 하고, 어렵게 사는 그들의 행복을 빌게 된다. 무엇보다도 물질적으로 풍부하다고 정신까지 풍부해지는 것은 아니며, 물질적으로 부족하다고 정신까지 부족한 것은 아님을 알게 된다. 즉 경제적인 부가 적을지라도 얼마든지 행복을 느낀다는 점이다.

그러니 플라톤의 말이 틀리지 않은 것이다. 부족하기 때문에 약간 모자란 듯함으로 만족할 줄 아는 것, 작은 것에도 행복을 느끼는 것이 진정한 행복임을 증명해주고 있다.

3부

나답게,
행복하게

#마음가짐

#자아

#행복

두 번째 화살을 맞지 말라

:

　　사람은 평생을 살면서 수많은 일을 겪는다. 인생길에서 좋은 일도 생기지만 나쁜 일도 많이 발생한다. 우리가 원하는 대로 좋은 일만 생기면 좋으련만 인간의 삶에는 불행한 일이 도처에서 도사리고 있다. 그래서 불행한 일과 관련해 "축구에만 복병이 있는 것이 아니라 삶에도 복병이 있다", "어느 구름이 비를 몰고 올지 모른다" 등 여러 비유가 있다.

　　그런데 어렵거나 힘겨운 일을 겪을 때, 한국인들은 심각한 반응을 드러내 스스로 불행을 초래하는 성향이 있다. 각 나라의 행복지수를 조사했는데, 우리나라 사람들의 행복지수가 경제성장에 비해 매우 낮은 점수였다. 오히려 내전을 자주 겪는 아랍국가 사람들이 우리나라 사람보다 행복지수가 높았다.

그렇다면 이런 부정적인 견해는 왜 생기는 것이고, 대처할 방안이 없을까? 어려운 일에 처하거나 불행한 일을 겪을 때 자신을 이해하고, 긍정적으로 바라보는 연민이 중요하다. 다른 사람이 잘못되거나 힘들어하면 그 사람을 위로하고 연민하는 마음을 내는 경우가 80%라고 한다. 반면 자신이 불행할 때, 자신 스스로에게 연민을 느끼는 사람은 2%도 안 된다는 것이다.

불교명상법 가운데, 자애慈愛명상이 있다. 서양에서도 많이 행해지고 있는 명상법인데, 말 그대로 자신을 비롯해 사람들에게 자애를 투사하는 명상이다. 바로 이 명상을 할 때, 제일 먼저 자신의 행복과 건강을 위해 축원해주고 기도해주는데, 이 점이 중요하다. 즉 자신을 사랑스럽게 여기고 연민하며, 자신의 평온을 위해 기도하는 것이다. 이렇게 자신의 안녕을 위해 기도하면 자존감이 생기면서 자신이 행복한 존재임을 느낄 수 있다.

인간은 행복하기 위해 태어났는데, 왜 불행을 자처해야 하는가? 그러니 절대 자신을 과소평가해서는 안 된다. '나는 늘 부족한 사람인데', '내가 하는 일은 늘 엉망이야', '나를 사랑해주는 사람이 없어' 등 자신을 비하하는 말이나 생각을 버려라. 힘들 때 자신 스스로를 아기 달래듯이 연민하고 달래주어라.

《잡아함경》에 "두 번째 화살을 맞지 말라"라는 내용이 있다. 사람이 살면서 고통과 고뇌가 생기기 마련인데, 이것이 첫 번째 화살이다. 그런데 이 고통(첫 번째 화살)을 있는 그대로 받아들이지 못하고, 울부짖거나 원망하고 슬퍼한다면 두 번째 화살을 맞는 셈이다. 그러니 고통스러운 일에 낙담하거나 그 괴로움에 자신을 묶지 말라는 뜻이다. 즉 처음에 발생한 고통을 있는 그대로 관조하고, 수용한다면 두 번째 화살은 맞지 않을 것이다.

미국의 한 연구조사에 따르면, 자기 연민심이 높은 학생은 성적이 향상되고 성인들은 삶에 만족해 불안과 우울감이 감소되며, 전쟁에서 돌아온 군인은 외상후스트레스가 감소되었다는 연구결과가 있었다.

그렇다면 실행해보자. 두 손바닥을 가슴에 얹어보아라. 심장이 뛰고 있을 것이다. 죽은 사람이라면 심장이 멈춰 있을 것이요, 고통도 없을 것이다. 살아 있기 때문에 심장이 뛰는 것이요, 고통도 발생하는 것이다. 어려운 일을 겪었을 때, 스스로 자신에게 이렇게 말하라.

"힘들었겠구나. 고통스러웠겠구나. 하지만 누구나 세상의 어려움을 겪는 법이란다. 나는 삶의 암초를 얼마든지 극복할 수 있는 용기를 가지고 있다. 나는 소중한 사람이기 때문이다."

YOLO!

:

요즘 'YOLO'라는 말이 유행한다. 젊은이들이 이런 말을 자주 하기에 처음 들었을 때는 무슨 뜻인가 궁금해하면서도 그저 말의 홍수거니… 하고 넘겼다. 그러다 우연히 'YOLO'를 검색해 보니 'You Only Live Once' 라는 문구의 줄임말임을 알게 됐다. 다 알고 있는 진리이지만, 인생에 대해 다시 한번 새길 수 있는 말이다. 물론 YOLO를 어느 쪽으로 보고, 어느 방향으로 해석하는가에 따라 다양한 이론이 나올 수 있다. 그 해석방식에는 저마다의 인생관이 담기기 때문이다.

한 번뿐인 인생? 깊게 생각해보자. 일반적으로 우리는 뚜렷한 주관과 인생관으로 소신 있는 삶을 설계하지 못한다. 자신이 선택한 길이 아니라 다른 사람들이 정해놓은 성공의 길(?)로 가고자 한다. 자신이 원하는 절대적인 인생이 아니라 상대적인 평가 가치를 따져 삶의 길을 선택하는 이들이 많다.

그렇다면 자신만의 길을 가기 위해서는 어떻게 해야 할까? 무엇보다도 자신이 무엇을 원하는지를 정확히 파악해야 한다. 현재 해야 할 급선무가 무엇인지 파악하는 것도 매우 중요하다고 본다.

어느 마라톤경기가 있었다. 그 대회에서 완주한 선수가 있었는데, 리포터가 다가가 그에게 물었다.

"뛰는 동안 당신을 가장 힘들게 한 것은 무엇이었나요?"

"저를 힘들게 한 것은 호흡도 갈증도 아니었습니다. 신발 안에 들어간 모래알만 한 작은 돌멩이 하나가 40km를 뛰는 동안 나를 가장 힘들게 했습니다. 그것만 제거되었다면 저는 이 마라톤에서 1등을 했을 겁니다."

그 마라톤선수에게 가장 중요했던 것은 갈증이나 호흡이 아니었다. 뛰는 순간 작은 돌멩이 하나를 제거하는 일이 급선무였다. 그 선수가 잠깐 쉬면서 돌멩이를 제거하고, 마라톤을 즐기면서 뛰었다면 더 좋은 경기를 펼쳤을지도 모른다. 곧 1등이라는 메달과 성공에 집착해 있다 보니, 현재의 급선무를 소홀히 한 것이다. 어차피 한 번뿐인 마라톤인데, 돌멩이를 제거하면서 느림이라는 미학을 선택했더라면 예상치 못한 더 좋은 결과가 나올 수도 있었을 것이다.

자신이라는 존재는 이 세상에 오직 '하나'뿐이다. 그리고 인생도 한 번뿐이다. 한 번뿐인 인생길에서 누군가가 만들어 놓은 길대로 가야 할 필요는 없다. 자신의 인생은 자신이 만들어가야 한다. 한 번뿐인 인생을 즐기지 못하는 원인은 마음이 현재에 있지 못하고, 지나치게 미래에 있기 때문이다. 무엇보다도 현재를 즐기고, 최고의 행복한 순간으로 현재의 자신을 만드는 작업이 필요하다.

마틴 루터 킹Martin Luther King(1929~1968)은 이런 말을 하였다. "계단의 처음과 끝을 다 보려고 하지 마라. 그냥 발을 내딛어라."

그 한 계단을 내딛는 순간이 인생에 단 한 번뿐이라고 생각하라. 이런 마음가짐이라면, 다음 계단을 딛을 때도 그 계단이 단 한 번뿐인 인생이라고 생각하고 최선을 다할 것이다. 중국의 임제 스님도 "바로 이 순간, 여기일 뿐 다른 더 좋은 시절은 없다(卽是現今 更無時節)"라고 하였다.

너무 멀리 보려 말고,
현재를 즐기며 현실에 충실해보라.

그 현재가 인생의 단 한 번뿐인
최고의 순간이라고 생각한다면
그대는 세상에서 제일 행복한 사람,
최고의 성취자가 될 것이다.

행복의 목적지는?
지금, 여기

⋮

일전에 대학생들에게 '자신의 현재 모습을 표현해보고, 자신의 가치관 세 가지를 정립해 보라'는 과제를 냈다. 과제물을 읽으면서 마음이 아픈 친구들이 많다는 것을 알았다. 몇 학생의 내용들이다.

'취업을 준비하고 있습니다. 그런데 저는 복학한 그해부터 지금까지 공황장애를 앓아 약을 복용하고 있습니다. 의사 선생님은 약으로 낫지 않으면 명상을 해보라고 합니다.'

또 어떤 여학생은 원인도 모를 복통이 있어 학교생활이 정상적이지 못하다고 하였다. 또, 한밤중 장이 꼬여 이틀 동안 병원신세를 지느라고 수업에 불참했다는 학생도 있었다. 이런 경우의 학생들이 학기마다 몇 명은 된다. 수강신청을 했다가 수강을 포기한 학생이 있었다. 마침 이번 학기에 그 학생이 또 수강하였다. "왜 그렇게 수강과 취소를 반복하나요? 내년 봄에 졸업할 수 있겠어요?"라고 물었더니 그 친구가 한참을 망설이다 말했다.

"몇 년 전부터 심한 스트레스를 받아 정신과치료를 계속 받고 있습니다. 그런데 또 1년 전부터 탈모가 심해 고초를 겪고 있습니다. 졸업은 해야지요."

대화를 마친 뒤 그 친구가 가겠다며 인사하는데, 머리 중앙부분이 훤할 정도로 빠져 있었다. 고통받는 친구의 등만 두드려주는 것 이외에 나는 어떤 말도 해줄 수 없었다.

대학생들이 젊음을 만끽하며 철들지 않았을 정도로 행동해도 되는 나이에, 과도한 취업 스트레스에 빠져 있는 것이다. 스펙을 쌓아야 하고 자신만 놀고 있으면 도태된 것으로 생각해, 책상에 앉아 공부를 하지 않더라도 불안증세에 빠져 있는 것이다.

삶의 목적이 무엇인가! 우리 인간은 그 행복이라는 목적을 위해 살아간다. 대학을 다니는 것도 행복한 인생을 위해서고, 취업을 하는 것도 행복한 인생을 영위하기 위해서다. 또한 사람과의 인연도 행복을 위해서 맺어, 사랑을 하고 우정을 나누는 것이 목표다.

그런데 내가 앞에서 쓴 '행복을 위해서'라는 수사는 합당한 말이 아니다. 즉 현재 순간순간 행복을 느끼는 것이 진정한 행복이지, 어떤 행복이라는 목적지점이 있을 수 없다는 것이다. 그래서 학생들에게 수업을 시작하자마자 명상을 시키며 "현재 자신이 행복하다는 것을 느껴보세요. 잘 안 되면 '행복하다, 행복해야 한다'라는 말을 자신에게 주입시키세요."라고 말한다.

삶의 과정, 과정이 행복해야 한다. 행복의 목적지는 없다. 지금 현재 행복하지 않는데, 미래에 무슨 행복이 있을 것인가! 《논어》에 이런 말이 있다.

"아는 것은 좋아하는 것만 못하고 좋아하는 것은 즐기는 것만 못하다. 능력 있는 자보다는 부지런한 자, 부지런한 자보다는 즐기는 자가 되어야 한다."

나는 이 구절을 학생들에게 이렇게 변형해 말하고 싶다.

"지금 현재를 즐기는 것, 그 현재의 과정, 과정에서 행복을 만끽해야 한다. 고뇌하는 인생은 젊은 그대들의 특권이요, 그 고뇌가 그대 미래 인생의 밑거름이다. 하지만 정신장애로 고통받고 생활이 파탄될 만큼 원인 모를 병에 시달린다면 이것은 젊음의 고뇌가 아니다. 즐길 줄도 알아야 한다. 급할수록 돌아가면 어떨까?"

부처님이
이 세상에 오신 뜻

:

대학생들의 과제물을 읽다 보면, 학생들이 자신감이 부족하고 자신을 매우 낮추어 보는 면이 있음을 느끼게 된다. 학생뿐만 아니라 일반적으로 사람들은 자신이 얼마나 소중한 존재인지를 인식하지 못하고 있다. 한편 남을 위해 봉사하는 사람들도 자신이 얼마나 소중한 일을 하고 있는 사람인지 생각하지 못하는 것 같다. 그러나 전혀 그렇지 아니하다. 모든 인간은 소중하며 존중받아야 할 존재요, 남을 위한 봉사는 칭찬받아야 할 일이다. 이 자존감에 대한 문제는 겸손과는 별개의 사유방식이다.

불교에 천상천하유아독존天上天下唯我獨尊이라는 말이 있다. 하늘 위나 하늘 아래 오직 '나'만이 존귀한 자라는 뜻이다. 석가모니 부처님께서 탄생하시어 하늘과 땅을 가리키며 했던 말이다.

부처님이 세계 4대 성인 가운데 한 분이라지만, 실제로 갓난아기가 태어나자마자 걸으면서 그런 말을 하였을까? 있을 수 없는 일이다. 곧 이 말은 불교를 대표하는 중요어구이자, 불교사상이 담겨 있는 말이다.

가끔 신문에서 독단적이거나 자신의 만용을 함부로 하는 사람을 표현할 때 천상천하유아독존을 쓰는데, 그 말의 뜻은 그런 뜻이 전혀 아니다. '유아唯我'란 절대적인 자아, 이 세상에 그 무엇과도 바꿀 수 없는 귀중한 존재라는 뜻이다. 우리는 자신이 생각하는 만큼 초라한 존재가 아니라 아름다운 사람들이다. 고귀하고 고유한 인격체를 갖춘 그대는 이 세상에 하나뿐이요, 가장 존귀한 자이다.

그렇다면 내가 귀중한 존재이니 타인은 귀하지 않은 존재란 말인가? 아니다. 모든 존재가 인격체를 갖춘 소중한 존재이므로 '내가 소중하듯 남도 소중하다는 것을 인식하라'는 뜻이 담겨 있다. 그래서 불교에서는 '사람이 곧 부처님이다'라고 표현한다. 석가모니 부처님이 이 세상에 오신 이유가 바로 이러한 사상을 심어주기 위해서이다.

가령 어떤 암이나 고질병에 걸려 있다고 하자. 그 병에 끌려가지 말아야 한다. 암덩어리는 고유한 당신을 대표하는 주체가 아니다. 삶 속에서 우연히 어떤 인연에 의해 생겨난 작은 골칫덩어리일 뿐이다. 그 골칫덩어리를 고유한 그대(참본성)와 결부시킬 필요가 없다. 우리 삶에는 늘 작은 부스러기 같은 골칫덩어리들이 생기기 마련이다. 그 자체로 받아들여라.

또한 내가 가지고 있는 재산이 내가 될 수 없으며, 내가 가지고 있는 집이 나를 대신해줄 수 없다. 더불어 내가 가진 학력이 곧 나일 수 없다. '나는 나인 것이다.' 절대 기죽을 필요도 없고, 오직 현재 자신의 있는 모습 그대로 당당하라.

인생의 가치는 성공이나 부, 명예에 있지 않다. 어떻게 살아가려고 노력했는가? '나'라는 존재가 무엇을 지향하면서 오늘 하루를 보냈는가? 이 질문에 달려 있다. 곧 삶의 가치에서 중요한 점은 부와 명예가 아닌 삶의 방식이란 점이다. 부와 명예는 어느 순간에 녹아 사라질지 모르는 솜사탕과 같다. 일시적인 부와 명예를 얻는 화려함이 아닌 내가 오늘 하루를 '자존감 있게, 나답게, 번뇌에 매이지 않는 자유를 만끽하며 살았느냐'에 인생의 보람이 있는 것이다. 이렇게 보낸 하루하루가 모였을 때, 그 사람의 인생은 성공한 것이라고 할 수 있다.

한편 외모를 가지고 남과 비교할 필요도 없다. 누구나 자신만의 장점을 가지고 있는데, 자신의 장점은 보지 않고 타인과 비교해 부족하다고 여기는 부분을 가지고 고민하는 경향이 있다. 외모로 인해 자신의 존재가치를 잃어버리는 일은 매우 어리석은 짓이다.

　사람은 누구나 실수를 할 수도 있다. 신이 아닌 인간이기 때문에 때로 잘못 행동하는 것이 당연하다. 자신의 실수를 스스로 용서하는 일이 중요하다. 작은 실수나 잘못된 것 하나를 가지고 자신을 '온통 허점투성이'라고 생각하지 말자. 다만 그 실수를 인정할 줄 알고 더 발전된 자신으로 나아가는 일이 중요하다.

아름다운 자신을 타인들과 비교하며 평가할 필요가 없다.
대체로 사람들은 비교와 평가로써
상대적인 박탈감을 많이 느낀다.
그대는 그대이고, 그대가 타인이 될 수 없으며,
자신답게 사는 것이 중요하다.
바로 이것이 천상천하유아독존의 참된 뜻이며,
부처님이 오신 의미이다.

사랑받고 존중받기 위해 태어난 그대

:

불교교리 가운데 '불성佛性'이라는 단어가 있다. 이 말은 부처가 될 수 있는 가능성의 성품, 원리라는 뜻이다. 곧 누구나 부처님과 같은 성자가 될 수 있다는 의미이다(석가모니 부처는 신神을 의미하는 것이 아닌 성인을 뜻하기 때문이다). 여기서 '누구나'라고 하였는데, 그 '누구나'는 남녀노소·국적도 불문한다. 설령 그가 귀하게 태어났든 천하게 태어났든 신분고하를 막론하고, 고학력자든 일자무식이든 간에 상관없이 누구나 평등하게 불성을 갖고 있다는 뜻이다.

한마디로 말하면, 부처님과 같은 성인군자는 누구나가 될 수 있다는 것인데, 현대적인 의미로 환원한다면 인권존중의 의미가 담겨 있다고 볼 수 있다. 누구나 참성품은 갖고 있고 참성품은 어느 누구의 방해를 받지 않는 독보적인 존재라는 뜻이다. 이 세상에 귀하지 않는 존재는 하나도 없다. 기어 다니는 작은 미물도 삶의 의미를 부여받고 생명으로 태어났다. 그러니 사람의 정신적 존재감은 어떠하겠는가?

오스트리아의 유태계 출신인 빅터 프랭클 박사는 아우슈비츠 수용소에서 생활한 인물이다. 훗날 그가 수용소에 살면서 관찰한 내용을 심리학으로 정립했는데, '로고데라피'라 불리는 의미요법(Will to Meaning)이다. 인간은 아무리 처참한 환경 속에서도 자신에 대한 고결함과 신념만 있다면 얼마든지 살아갈 수 있다는 사상이다. 《죽음의 수용소에서》라는 책을 통해 만나본 프랭클은 나약한 인간으로서 인간승리를 일으킨 사람이라고 생각한다. 프랭클 박사가 쓴 아유슈비츠 수용소의 생활을 보면, 인간의 삶이라고는 할 수 없을 정도로 처참했다. 그는 "어떤 절망 속에서도 희망을 선택할 수 있는 것은 나의 정신이다"라고 하였다. 먹는 것이나 입는 것, 인격까지 바닥에 떨어진 상황이었다. 그럼에도 그는 나치독일군의 탄압이나 압박, 인격모독 등 외부적인 고통 속에도 정신세계만큼은 얼마든지 지켜나갈 수 있다는 점을 보여주었다. 20년 전에 읽은 글인데도 그 감동은 여전히 내 가슴 언저리에 남아 있다. 또한 인도의 마하트마 간디도 고결한 인간성을 드러낸 인물이다. 영국인들로부터 탄압받고 고문받으면서도 간디는 이렇게 말했다.

"당신들이 내 신체를 고문하고, 파괴할 수 있어도 절대 나의 정신을 파괴하지는 못할 것이다."

그러니 인간만이 지닌 참성품의 존재는 어디에 있든 아름다운 법이다. 예를 하나 들어보자. 금덩어리가 더러운 오물 속에 빠졌다고 가정해보라. 아무리 더러운 곳에 있어도 금이라는 존재 값어치는 똑같은 법이다. 또 현금 오만 원짜리 지폐가 있다. 그 지폐가 구겨져 있거나 물에 빠졌다고 생각해보라. 그 오만원권이 물에 빠졌든 심하게 구겨져 있든 오만 원이라는 현금 가치는 그대로 존재한다. 바로 인간의 존엄적 가치, 참 성품도 이와 같다.

자신만이 갖고 있는 참본성은
그 사람이 연로하든 외국인이든 교육자이든
어떤 직업을 갖고 있든 간에 상관없이
그 가슴 안에 존재한다.
인간은 아무리 처참한 고통 속에서도

최선의 성자가 될 수 있는 법이다.
설령 어떤 자가 그대를 미워하고 질시하며,
험한 욕을 할지라도 상처받지 말라.
그대만의 고유한 정신세계, 참본성은
어느 누구도 손상시킬 수 없을 것이다.

자신과 직접 대면하라

⋮

　　　　　　　　불교경전《아함경》에 이런 내용이 있다. 석가모니 부처님께서 성자가 되고, 사람들을 지도하고 가르친 지 얼마 되지 않은 때이다. 어느 날 숲속, 부처님께서 제자들에게 법을 설하고 있었다. 이때 한 무리의 젊은이가 떼를 지어 다니며, 무언가를 찾기 위해 숲속으로 들어왔다. 그중 한 젊은이가 부처님에게 다급한 목소리로 물었다.
　"혹시 이쪽으로 도망치는 유녀遊女를 보지 못했습니까?"
　부처님께서 대답 대신에 무슨 일이냐고 묻자, 젊은이들이 자초지종을 이야기하였다. 친구들 몇 명이서 부인을 데리고 소풍을 왔는데, 그중에 결혼하지 않은 젊은이는 유녀를 데리고 왔다고 한다. 그런데 사람들이 한창 놀이에 열중해 있는 틈을 타서 유녀가 이들의 보물을 훔쳐 달아난 것이다. 나중에서야 보물이 없어진 것을 알고, 그들은 유녀를 찾아 나섰다.

부처님께서 자초지종을 다 들으신 뒤 젊은이들에게 이런 말씀을 하셨다.

"그대들은 어떻게 생각하는가? 도망친 여자를 찾는 일이 더 시급한 문제인가? 잃어버린 자기 자신을 찾는 일이 더 시급한 일인가?"

"그야 자신을 찾는 일이 더 시급합니다."

한 젊은이의 대답에 부처님이 그들에게 법을 설해주었다. 이들 중 몇 명은 부처님의 설법에 감동을 받고 출가하였다.

어쩌면 우리 현대인들은 자신을 잃어버리고, 그 잃어버린 것조차 인지하지 못하고 살아가는지도 모른다. 무엇을 잃어버린 걸까? 쉼 없이 무언가를 쫓아 달리는 욕망으로 그 잃은 것조차 느끼지 못한다. 불나방이 저 죽을 줄 모르고 빛을 좇다가 죽어가는 것처럼, 인간도 욕망에 사로잡혀 있어 스트레스가 쌓이게 되고, 이 스트레스로 더 힘겨운 삶을 만들어간다. 힘에 겹다고 신경안정제나 약물로 위안을 찾으면 잠깐의 위안은 찾을지언정 오히려 자신을 구렁텅이

205

나답게, 행복하게 _ 3부

에 빠지게 한다. 어느 누구도 그대를 구원해주지 않는다. 인생이 어찌 내 마음대로 호락호락 되는 것인가? 자신 스스로 구제해야 한다.

필자는 자신을 구제하는 방법 중의 하나로 자기가 살던 터전을 잠시 떠나보는 일을 권하고 싶다. 잠깐 멈춤이나 쉼(휴식) 속에서 무언가를 찾을 수 있을 것이다. 사람이 많은 유원지보다는 조용한 곳에서 자신과 직접 대면해보라.

이런 가운데 할 수 있는 방법은 명상이 가장 적합하다고 본다. 명상을 통해 자신의 삶을 되돌아봄으로써 평온을 찾는 것이다. 단순히 휴가를 보낼 것이 아니라 자아를 찾아 떠나는 것이다. 그곳에서 명상을 하면서 자신에게 가치 있는 일이 무엇인지, 자신의 존재를 바라본다면, 좀 더 나은 삶의 길이 보일 것이다.

스님들은 늘 이런 말을 강조한다.

모든 것을 다 내려놓아라(放下着).

나를 돌아보아라(廻光返照).

모든 것을 내려놓는다는 것은 끊임없이 욕심내는 욕망과 갈망을 내려놓는다는 뜻이다. 회광반조廻光返照는 '빛을 돌이켜 거꾸로

비춘다'라는 뜻으로, 자신 내부에서 평온과 행복을 찾는 것이다. 너무 멀리 바라보지 말라. 곧 쉼, 잠깐 멈춰 선 그 자리에서 자신을 만날 수 있을 것이다.

여행과
인생

∶

　　　　　　10여 년 전, 몇 년 동안 홀로 여행을 하고, 글로 표현하다 보니 적지 않은 양의 원고가 쌓였다. 우연히 글 가운데 가장 많이 쓴 단어를 검색해보니, 인생이라는 단어가 심심치 않게 등장한다. 아마도 여행지가 중국의 산골 오지인 데다 홀로 다니다 보니 삶을 관조하는 시간이 많아서였던 것 같다. 여행하면서 뜻깊게 배운 것은 인생의 깊이였고, 삶을 새롭게 바라보는 시각과 각도가 내 마음에 자리잡았다.

　　중국여행 중 가장 아쉬웠던 곳은 지역상 북방에 속하는 감숙성

장액張掖이라는 곳이다. 북방에서 실크로드에 속하는 지역은 고대로부터 석굴을 파서 불상이나 탑을 모신 곳도 많고 마애불상이 있다. 장액에서 1시간 정도 떨어진 곳에 마제사馬蹄寺 석굴군(굴 내의 탑과 불상)이라는 곳이 있다. 겨울에 그곳을 여행했는데, 너무 추워 호텔에 머물다 오후에 목적지로 출발했다. 1~2시간이면 다 볼 수 있을 것이라고 생각했는데, 막상 그곳에 가보니 많은 시간이 필요했다. 해가 저물어 3시간을 다니고도 다 보지 못한 채 숙소로 돌아와야 했다. 지금도 그곳의 유물이 눈에 아른거린다.

당시 지는 해를 등지고 내려오면서 나를 자책했다. '좀 더 일찍 출발했더라면 좋았을 걸⋯.' 시간표를 제대로 짜지 못해, 가장 중히 보아야 할 유물을 보지 못했기 때문이다.

그때 배운 것이 있었다. 더 이상 후회할 필요가 없다는 것. 이전에 나는 최선의 선택을 했다는 것. 인생이라는 것도 다 살아보고 다시 살 수 없듯이 시행착오를 통해 인생을 새롭게 계획하는 것처럼, 처음 가는 여행지에서 느끼는 아쉬움은 당연한 것이라고⋯. 이러고도 이런 비슷한 일을 여러 번 겪었다. 한번은 중국 호남성 여행 중, 터미널에서 버스차장에게 목적지를 몇 번이나 확인하고 버스를 탔다. 버스를 타고 가는 내내 걱정은 했지만, 설마 그런 일이 생기지 않을 거라고 스스로를 위안했다. 그런데 예상했던 그 일이 터졌다. 그 버스는 나의 목적지가 아니라 그 지역을 경유하는 버스였다. 차장은 고속도로상에 차를 세우더니 (나의 목적지) 톨게이트를 가리키면서 그쪽으로 걸어가라고 하였다. 뜨거운 여름날 고속도로를 걸으면서 욕을 바가지로 했었다.

가끔 여행 중 애먹게 하는 경우는 비가 며칠간 쏟아질 때이다. 이틀 이상 비가 오면 호텔에서 하릴없이 묵어야 하는데, 시간도 아깝지만 호텔비가 만만치 않기 때문이다. 장사꾼의 말을 빌리자면 며칠 공치는 일이다.

그런데 여행에서 구진 날만 있는 것은 아니다. 대체로 허름한 호텔에 묵는데, 컨디션이 좋지 않아 휴식을 취할 겸 조금 비싼 호텔에 들어간 적이 있었다. 마침 호텔주인이 불교신자여서 방값의 50%만 지불했다. 묵는 동안 식사도 공짜였다. 또 승려이다 보니 사찰 입장료는 당연히 무료였다.

여행을 하다 보면 뜻하지 않게 손해 볼 때도 있지만 고마운 사람을 만나 이익을 얻을 때도 있다. 또 어느 지역을 방문할 때, 2~3일을 예정했는데, 일주일을 머물 때도 있다. 그 반대로 볼거리가 없어 하루 만에 그 지역을 떠날 때도 많다. 또 어느 때는 몸이 좋지 않아 여행의 고독감을 느낄 때도 있는 반면 여행 중 만나는 사람과의 즐거운 대화로 행복을 만끽하기도 한다.

여행을 하다 보면 예기치 않는 일들이 발생하기 마련이다. 좋은 일이 있으면 나쁜 일이 생기기도 하고, 힘겨울 때가 있으면 기쁜 일이 생기기도 한다. 인생만사人生萬事 새옹지마塞翁之馬라고 하듯 여행도 마찬가지이다. 삶에 희로애락이 있듯, 여행에서도 희로애락이 있다. 여행에서 아무리 계획을 잘 짠다고 해도 꼭 계획한 대로 되는 것이 아니다. 홀로 여행할지라도 나 자신과 타협을 보고 스스로 위안해야 할 때도 있다. 인생의 미래도 예견할 수 없듯이 여행에 차질이 발생할 수 있음을 감안해야 한다.

어찌 보면 여행 자체가 허점투성이이다. 그저 어영부영 시간을 보낸 것 같지만 여행했던 기간을 곰곰이 되돌아보면 여행의 흔적이 결코 실패가 아니다. 시행착오 속에서 인간이 진보하듯 여행을 통해서 인생의 철학을 배우게 된다.

지금
행복하십니까?

:

　　　　　　2014년 발표한 우리나라 사람들의 행복지수는 OECD 국가 중 41위, 그러면서 자살률은 거의 최상위권이었다. 사람들에게 "삶의 목적이 무엇이냐?" 혹은 "왜 사는가?"를 물으면, 대부분의 사람들은 "행복하기 위해 산다"라고 한다. "그럼 지금 행복하십니까?"라고 질문하면, 대다수의 사람들은 "그렇지 못하다"고 답한다. 짧은 삶을 살면서 왜 우리는 행복하지 못할까?

　　사람들은 행복에 목말라 하면서도 행복하려고 노력하지 않는다. 미국 펜실버니아대학교 교수 마틴 셀리그먼Martin Seligman은 '모든 문화권에서 구매력이 늘어나고, 전쟁에 의한 사망률이 줄어드는데도 왜 행복지수는 더 이상 오르지 못할까?'란 의문을 갖고 연구한 결과, 이런 결론을 내렸다. 사람이 아이스크림을 먹을 때, 첫 맛은 달콤하지만 계속 먹다 보면 맛에 무덤덤해진다. 이처럼 물질적 풍요도 마찬가지라고 정의 내렸다.

그렇다면 우리가 행복해질 수 있는 조건에 대해 몇 가지 나열해 보자. 먼저, 우리나라 사람들은 고대로부터 문치주의 성향이 강하다. 한국의 부모들은 자식을 최상위권 대학에 보내려고 한국말조차 익숙지 않은 꼬마에게 외국어를 습득케 하고, 초등학교 때부터 학원을 보낸다. 이렇게 어린 시절부터 강요당한 공부를 통해 일류대학에 다닌다고 그 사람이 행복할까? 다음, 현대는 금전이면 뭐든지 해결된다는 배금주의 사회이다. 경제적으로 풍부하다고 행복할까? 또 대학생들은 취업에 매달려 낭만이 아닌 스펙을 쌓는 데 공을 들인다. 과연 직업적으로 성공하면, 행복할까? 마지막으로 사랑하는 사람을 만나면 행복할까?

앞에서 열거한 행복의 조건을 갖추었다고 행복해질 거라고 생각지 않는다. 1억 원을 갖고 있으면 2~3억 원을 가진 사람을 부러워하며 자신을 불행하다고 여긴다. 또 사랑하는 사람이 있으면 행복하다고 하지만, 생리적·화학적 반응에 의하면 3개월이면 사랑이 식는다고 한다. 모두들 사랑해서 결혼했을 터인데, 왜 이혼율은 그렇게 높은가? 다음으로, 성공에 대한 욕망은 또 다른 욕망을 부른다. 개인적인 소견으로 아무리 높은 지위에 있을지라도 도덕적으로 청정하지 못하면 그것은 성공한 것이 아니다.

그렇다면 어떤 것이 행복인가? 불교에서 완전한 행복은 진리를 깨닫는 것을 무위법無爲法이라고 하고, 그 이외 모든 것들은 유위법有爲法이라고 한다. 마틴 셀리그먼은 "행복은 누군가로부터 배우거나 훈련되는 것이 아니라 스스로의 발견과 창조를 통한 자기화의 과정"이라고 하였다. 하지만 종교 도그마와 명언이 당신을 행복하게 해주지 않는다. 자신 스스로 느끼고 받아들이는 일이 중요하다고 본다. 물론 사람마다 느끼는 행복이란 주관적인 것이요, 일괄적일 수는 없다.

필자의 소견으로 행복에 대해 몇 가지 제안을 해본다. 첫째는 서양속담에 "마굿간도 마음 먹기에 따라 궁전이 된다"고 하였다.《법구경》에 "세상을 살아가는 데 건강은 최상의 이익이요, 만족은 가장 큰 재산이다"라고 하였다. 그러니 작은 것에 만족할 줄 아는 소욕지족小慾知足도 큰 행복을 불러올 것이다.

둘째는 오늘 하루의 삶에서 아무 일도 일어나지 않는 것이 행복이요, 기적이다. 현실의 소소한 일상에서 행복을 찾자.

셋째는 어느 목적지에 지나치게 집착하는 것보다 삶의 과정 속에서 얻는 성취를 소중히 여기자.

넷째는 행복이란 과거에도 미래에도 있지 않다. 삶의 순간순간 현재에 올인all-in할 때 있다. 한발 더 나아가 그 순간 현재에 스스로 행복하다고 자각해야 한다. 현재에 자신을 두어라. 행복은 바로 그 현재 지점에서 그대를 기다리고 있을 것이다.

삶의 방향이 어디인가?

:

　　　　불교경전에는 이솝우화 같은 비유가 담긴 이야기들이 많이 있다. 다음 비유는 《법구비유경》에 전하는데, 인간이 살고 있는 현 상황을 그대로 표현한 내용이다.

　　어떤 사람이 황량한 들판을 터벅터벅 걷고 있었다. 그런데 어디선가 쿵쿵 소리가 들려오기 시작했다. 이 사람은 어디서 들려오는지 여기저기 뒤돌아봐도 소리의 출처를 몰랐다. 또 한참을 걷고 있는데, 뒤편에서 쿵쿵 소리가 들려왔다. 그제야 이 사람이 뒤를 돌아보니, 미친 코끼리 한 마리가 자신을 향해 쏜살같이 달려오고 있는 것이다.

　이 사람은 저 코끼리에 밟히면 죽을지도 모른다는 공포감에 앞을 향해 무조건 달려갔다. 마침 한 우물이 있어 우물 안으로 들어갔다. 이 사람은 '코끼리로부터 해방되어 다행이다'라고 생각하고 아래를 보니, 그 우물 밑에 독사 네 마리가 우글거리고 있었다. 놀라서 다시 올라가려고 기를 쓰는 와중에 칡넝쿨을 붙잡았다.

　밑으로 내려가자니 네 마리 독사가 있고, 다시 위로 올라가자니 미친 코끼리가 딱 버티고 서 있다. 그래도 칡넝쿨을 붙잡고 있어 다행이라고 생각하고 죽지 않으려고 안간힘을 쓰고 있는데, 설상가상의 일이 벌어졌다. 그 사람이 겨우 붙잡고 있는 칡넝쿨을 검은 쥐와 흰 쥐 두 마리가 갉아먹고 있었다. 진퇴양난에 빠져 '더 이상 살 수 없구나'라는 절망감에 빠져 있는데, 마침 그가 붙잡고 있는 칡넝쿨에서 꿀이 뚝뚝 떨어지고 있었다. 그 사람은 자신이 처한 위급한 상황을 까마득히 잊어버리고 꿀의 달콤한 맛에 취했다.

　글을 시작하면서 언급한 대로, 이 이야기는 비유이다. 즉 황량한 들판은 사람들이 살고 있는 세계를 말하고, 우물에 빠진 사람은 어리석은 사람들을 비유하며, 미친 코끼리는 우리를 향해 달려오고 있는 죽음을 비유한다. 우물 아래 네 마리의 독사는 인간의 육신을 구성하고 있는 지地·수水·화火·풍風 4대를 말하고, 흰 쥐와 검은 쥐는 낮과 밤을 상징하는 세월에 비유하며, 칡넝쿨은 죽지 않고 살겠다는 삶의 애착을 말한다. 또 칡넝쿨에서 떨어지는 꿀은 인간이 누리는 재산·수면·성욕·명예·식욕 등 인간의 욕망을 비유한다. 독자들마다 위의 내용을 다르게 받아들일 거라고 보는데, 각자의 해석에 맡긴다.

인간의 육신은 영원하지 못하고 고정된 실체도 아닌 무상無常과 죽음에 노출되어 있다. 그런데 인간은 마치 영원히 살 것처럼 애착 부리고, 욕망과 아만심에 갇혀 산다. 또한 인간은 정신적으로는 죽음이라는 공포에 시달리면서도 욕망에 급급해한다. 대부분의 사람들은 자신의 적나라한 모습을 잊고 살아가는 것이 사실이다.

역사적으로나 현재에도 수많은 사람들이 욕망으로 인해 인생을 실패하는 경우가 부지기수이다. 죽음과 육신의 병고를 언제 만날지 모르는 다급한 상황인데도 그 욕심 때문에 패가망신을 당하는 사람들이 적지 않다.

그러니 우리 모두 자신을 멀리 객관적으로 관조하는 시간이 필요하다. 삶의 방향이 어디로 향해 가고 있으며, 어느 위치에 서서 무엇을 추구하고 있는지 알아야 한다. 곧 '인생을 제대로 살아가고 있는지', '진정한 삶이란 무엇인지'를 자신에게 물어보는 일이다.

행복은 성적순이 아니다

⋮

　　　　　　해외뉴스 코너에 올라온 감동적인 기사가 있었다. 작은 코너로 소개된 내용인데, 묻힐 수 있는 이야기일 것 같아 세상에 드러내고 싶어 여기에 소개한다. 내 눈을 뜨게 만들고, 마음을 훤히 밝힌 기사였다고나 할까!

　영국 북아일랜드에서는 연 2회 전국적으로 시험을 치르는데, 학생들이 시험을 치른 뒤 선생님들은 성적표를 우편으로 보낸다. 그런데 리즈번에 있는 하모니힐초등학교 선생님들은 학생들에게 성적표와 함께 자신감과 희망을 동봉했다.

"이 성적표로 네가 어떤 사람인지 평가할 수는 없다. 성적표를 열어보기 전에, 이 편지를 먼저 읽어주기 바란다"는 제목의 편지에는 성적과 무관하게 어린이 한 명, 한 명이 소중한 사람이라는 내용이 담겨 있었다. 편지내용은 대략 이렇다.

"네가 기다리던 성적이 바라던 결과가 아닐 수도 있지만 실망하지 않기를 바란다. 인생은 때때로 원하는 방향으로 흘러가지 않을 때가 많다. 사람이 원하는 결과를 얻기 위해서는 노력도 필요한 법이며, 시간도 반드시 필요하다. 이 시험성적표로 인해 자신에게 실망하지 않기 바란다. 너희 각자가 최선을 다했다는 건 선생들도 알고 있다. 그 노력만큼은 사라지지 않을 것이다. '너'라는 사람은 매우 특별한 사람이고, 우리는 너를 매우 자랑스럽게 여긴다. 쉽게 포기하지 말고 끊임없이 노력하는 자세를 가져야 한다. 친절하고, 사려 깊으며, 사랑스러운 어른이 되기를 바란다."

선생님들이 어린이 한 사람, 한 사람이 얼마나 소중한 사람인지를 말하면서, 시험결과보다는 과정과 노력이 중요한 것임을 일깨워주고 있다. 그러면서 어린이 각자가 의젓한 어른으로 자라나기를 바라는 소망으로 마무리짓고 있다.

필자도 초등학교 시절에 선생님들로부터 성적으로 차별받았던 적이 있다. 별로 좋은 기억은 아닌지라, 당시 받았던 상처를 누군가에게 되풀이하지 않아야 한다는 마음가짐이 한편에 자리 잡고 있다. 좋지 않은 기억도 삶의 도움이 되나 보다.

그런데… 아이러니하게도 강의를 하면서는 내 수업을 열심히 듣고 성적이 높은 학생이 예쁘게 보이는 게 사실이다. 절대 아이들의 성적만으로 평가할 수 없는 일임을 잘 알면서도…. 사람은 누구나 자신만의 특별한 재능이 있다. 사람마다 다룰 수 있는 기술(art)이 다를 뿐이지, 극단적으로 뛰어나고 부족한 사람은 없는 것이다. 그러니 성적이라는 현상만으로 아이들에게 상처를 주어서는 안 된다고 본다. 혹 아이에게 상처를 준다면, 어린 친구의 꿈을 펼칠 희망과 자신감의 싹이 나기 전에 밑동을 자르는 것과 같다.

어린아이들에게 '너는 소중한 존재이고, 고귀한 존재이므로 앞으로 어떤 일도 잘할 수 있으며, 반드시 훌륭한 사람으로 성장할 수 있다'라는 점을 부각시켜주자. 이런 용기 있는 한마디가 그 사람의 인생을 바꿀 수 있다는 점을 잊지 말자.

그대 자신이 될 때
가장 아름답다

:

　　중국 당나라 시대, 마조馬祖(709~788)라고 하는 유명한 스님이 있었다. 어느 날 선사가 사찰도량을 거닐고 있는데, 한 제자가 스님 앞에 나타나 마당에 네 개의 선을 그었다. 한 선은 매우 길게 그리고 세 개의 선은 짧게 그린 뒤, 스승에게 말했다.
　　"스님, 제가 땅바닥에 그린 선 하나는 길고 셋은 짧은데, 이론적으로 말씀하지 말고 행동으로 입증해주십시오."
　　"그래, 네 개의 선을 그대로 놔두고 짧고 긴 것에 대한 원리를 보여주겠다."

마조는 네 개의 선 옆에 선 하나를 더 그으면서 말했다.
"그대는 어떤 선이 짧고, 어떤 선이 길다고 할 수 있는가?"

만약 선사께서 짧은 선 옆에 더 짧은 것을 그렸다면, 이전에 짧은 선을 길다고 할 것인가, 짧다고 할 것인가? 반대로 짧은 선 옆에 매우 길게 한 획을 그렸다면, 이전의 짧은 선을 뭐라고 할 것인가? 이 글을 읽는 독자는 무슨 의미인지 대략 짐작할 것이다. 단 하나의 선은 짧지도 길지도 않다. 단순히 상대와 비교해서 '짧다', '길다'고 말할 뿐이다. 결론을 말하자면 하나의 선은 그냥 선이지, '짧다, 길다'라고 정의할 수 없다는 것이다.

그대의 키가 170cm라고 한다면, 적당한 신장이다. 그대가 180cm인 사람과 나란히 서 있으면 그대는 작은 키로 열등감을 가질 것이다. 그런데 반대로 160cm인 사람과 서 있으면 자신감이 충만해질 것이다. 상대적인 평가로 해서 그대의 마음은 지옥도 다녀오고, 천국도 다녀온다.

나폴레옹은 165cm의 단신이었다. 경호원들조차 170cm이 넘었기 때문에 그는 늘 열등감을 가지고 있었다. 어느 날, 나폴레옹이 벽에 그림을 거는데 팔이 닿지를 않아 그림을 걸 수가 없었다. 옆에 있던 경호원은 눈치도 없이 "저는 폐하보다 더 높은 데다 걸 수 있으니 제가 걸겠습니다"라고 하였다. 나폴레옹은 그 말에 버럭 화를 냈는데, 그 말이 잠재의식 속에 있던 열등감을 자극한 것이다.

　이 세상의 모든 논리나 개념은 상대적인 평가에 의해 정의된다. 또 한 예로 우리는 늘 과거 경험에 비추어 현재 경험을 정의 내린다. 한편 상대방에 대한 평가도 또 다른 사람과 비교해 내린다.

　요즈음, TV에 자주 나오는 나이가 있음 직한 배우가 있다. 그녀는 젊을 때 키도 작고 얼굴도 예쁘지 않은 데다 목소리까지 시끄러워 가정부 역할만 전담했다고 한다. 그런데 근래 그녀는 노년에 들어 입담을 과시하며 사람들에게 인기가 높다. 아름다운 아가씨처럼 성형을 하거나 더 젊어 보이기 위해 보톡스를 맞지 않아도 사람들은 그녀의 모습을 좋아한다. 그녀만의 매력으로도 충분히 사람들에게 사랑을 받고 있지 않은가!

　민들레가 백합을 보고 '우아하고 인기가 좋으니 나도 백합이 되어야지'라고 한다면 얼마나 어리석은 생각인가? 민초와 같은 민들레는 민들레 나름대로 강인함이라는 아름다움을 지니고 있다. 커피는 커피만의 향이 있고, 녹차는 녹차만의 향이 있는 것인데, 커피가 녹차가 될 필요가 있고, 녹차가 커피가 될 필요가 있겠는가?

사람마다 자신만의 색깔이 있고,
자신만의 향기를 지니고 있는 법이다.
어떤 사람이

그대만이 가지고 있는 파란색을 비판한다고 해서
빨간색으로 바꿀 필요가 있는가?
그대 자신만의 색깔을 자랑스럽게 여기고
그대만의 향기로 세상을 살아가면 된다.
상대적인 개념과 평가로 자신을 비하하지도 말고,
열등감을 갖지 말라.
그리고 다른 사람을 흉내 낼 필요도 없다.
그대는 바로 그대 자신일 때,
가장 아름답다.

소중한 것은
내면에 있다

:

중국 당나라 때, 마조 스님이 있었다. 당시에 이 스님이 매우 유명했던 터라 젊은 제자들이 많이 찾아왔다. 어느 날 한 제자가 찾아와 마조 스님과 대면하였다. 제자가 스님에게 인사를 올리자, 마조가 물었다.
"여기에 무슨 일로 왔는가?"
"불교의 진리를 공부하고자 합니다. 스님께서 훌륭한 불법佛法을 잘 설명해준다고 하더군요."
"그대는 어찌하여 그대 보물창고를 집에 놔두고, 쓸데없이 돌아다니기만 하는가? 나에게는 아무것도 없다. 불법 따위는 찾아서 무얼 하겠느냐?"

"제 보물창고라니요, 무슨 말씀이십니까?"

"지금 '진리를 구하고자 나를 찾아왔다'고 말하고 있는 자네가 바로 그 보물창고라네. 자네는 모든 것을 다 갖추고 있어 조금도 부족한 것이 없네. 또한 쓰려고 하면 얼마든지 마음먹은 대로 쓸 수도 있네."

여기서 마조 스님이 말한 '보물창고'란 사람의 참된 마음을 비유한 말이다. 스님은 '너를 포함한 모든 사람들에게 원래 갖추어져 있는데, 왜 굳이 바깥에서 마음의 근본을 찾느냐?' 하는 가르침을 주었다. 우리들은 어떤 것과도 비교될 수 없는 다이아몬드보다 더 귀중한 '마음' 보석을 지니고 있다. 마음공부 하는 사람은 이 세상 어느 것에도 의존하지 않고, 어느 것에도 집착하지 않음을 원칙으로 해야 한다.

앞의 이야기는 불교에서 마음 찾는 일을 말하고 있지만 자신에게서 해결점을 찾으라는 교훈도 준다. 세상사의 이치도 마찬가지다. 공부를 하든, 그 어떤 무엇을 하든 간에 그대는 이미 모든 것을 갖추고 있다. 물론 배움도 필요하지만 자신 스스로를 계발시키는 것이 무엇보다도 중요하다는 점이다.

미국의 빌 바우어만Bill Bowerman(1911~1999, 나이키 창업자)은 "당신이 필요로 하는 모든 것은 이미 당신 안에 구족되어 있으니 그냥하기만 하라(Everything you need is already inside. Just do it)"라고 하였다. 이렇게 빌 바우어만도 인간은 무한한 가능성을 가지고 있으니 자신이 그것을 잘 활용하기만 하면 된다고 하였다.

다른 각도로 한번 보자. 인생의 고통스러운 일도 마찬가지다. 어려운 일이 닥쳤을 때, 대신 아파해줄 사람도 없으며, 해결해줄 사람도 없다. 그대의 내면이 아니면 답은 어디에도 없는 것이다. 조용필의 노래 가운데 '이젠 그랬으면 좋겠네'라는 곡의 가사 가운데 이런 내용이 있다. "많은 것을 찾아서 멀리만 떠났지. 난 어디서 있었는지. 하늘 높이 날아서 별을 안고 싶어. 소중한 건 모두 잊고 산 건 아니었나. 이젠 그랬으면 좋겠네. 그대 그늘에서 지친 마음 아물게 해. 소중한 건 옆에 있다고 먼 길 떠나려는 사람에게 말했으면 좋겠네."

삶의 진취적 지향이든, 고통스러운 일이든, 사람문제이든 모든 문제를 해결해줄 수 있는 존재는 그대 자신이다.

자신의 내면을 가만히 들여다보라.
열쇠는 그대 손 안에 있을 것이다.
땅에서 넘어진 자,
땅을 짚고 일어나라고 했듯이…

삶이 어찌
내 뜻대로 되겠는가?

:

신라시대, 인욕을 잘 하는 스님이 있었다. 이 이야기는 그 스님의 이야기다.

비단장사를 하는 한 청년이 홀어머니를 모시고, 근근이 살고 있었다. 어느 날, 청년이 대관령 고개를 걷고 있는데 누더기를 걸친 한 노승이 고갯마루에서 가만히 서 있었다. 그 기이한 모습에 청년이 스님에게 물었다.

"스님, 아까부터 무얼 하고 계십니까?"
"잠시 중생들에게 공양을 올리고 있네."

"아니, 가만히 서 계시면서 무슨 공양을 올린다는 겁니까?"

"내 옷 속에 있는 이와 벼룩에게 피를 먹이고 있네. 내가 움직이면 이나 벼룩이 피를 빨아 먹는 데 불편하지 않겠나."

곧 두 사람은 헤어졌고, 스님은 길을 떠났다. 스님이 한동안을 걷고 있는데 뒤에서 그 청년이 스님을 계속 따라오고 있었다. 노승은 드디어 오대산 동관음암에 도착했다. 사찰에 도착한 노승이 뒤를 돌아보며 말했다.

"왜 자꾸 나를 쫓아오는가?"

"저는 비단을 팔아서 홀어머니를 봉양하는 장사꾼입니다. 오늘 스님께서 미물에게 자비행하는 모습을 보고, 저도 승려가 되고 싶어서 스님을 쫓아왔습니다. 부디 저를 제자로 받아 주십시오."

"승려가 되고 싶다는 거지. 그럼 내가 시키는 대로 무엇이든 할 수 있겠는가?"

"네, 제가 스님을 의지해 출가하고자 합니다. 스님의 말씀대로 따르겠습니다."

이튿날, 스님이 청년을 불러 말했다.

"저 큰 가마솥을 옮겨서 새로 걸도록 해라."

청년은 하루 종일 흙을 파다가 짚을 섞어 이기고 솥을 새로 걸었다. 일을 다 마치자, 스님께서 솥을 보고 말했다.

"걸긴 걸었는데, 이 아궁이는 솥이 너무 크구나. 저쪽 아궁이로 옮겨 다시 걸도록 하여라."

다음날, 청년은 옆 아궁이에 솥을 옮겨 걸었다. 그런데 걸어 놓고 나면, 스님께서 마음에 들지 않는다고 다시 다른 곳으로 옮겨 걸라고 하였다. 이렇게 하기를 무려 아홉 번이나 하였다. 청년이 아홉 번을 묵묵히 실행하자, 스님이 제자를 불러 말했다.

"음 장하군. 자네가 얼마나 잘 참는가를 시험하고자 한 것이네. 이렇게 참는 인욕이 있어야 출가를 할 수 있다네. 자네가 아홉 번이나 솥을 고쳐 걸었으니 법명을 '구정九鼎'이라고 하지."

이후 이 청년은 열심히 수행하여 높은 경지에 올랐고, 훗날 그는 구정 선사로 널리 알려졌다. 구정 선사처럼 처음 출가할 때, 힘든 역경을 참아낸 스님들 이야기가 많이 전한다. 출가자의 길이 쉽지 않기 때문에 스승들은 제자가 얼마나 잘 참을 수 있는가를 시험하기도 한다.

그런데 이 참는다는 것이 스님들만의 이야기는 아니라고 본다. 불교에서는 우리가 살고 있는 이 사바세계를 '감인堪忍세계'라고 하였다. 학생은 힘들어도 참으며 공부해야 좋은 성적을 얻을 수 있고, 가장은 일터에서 인욕을 해야 살아갈 수 있으며, 부부도 참아야 가족으로 구성원을 이룰 수 있다.

참고 견디면서 살아야 한다는 뜻이다. 삶이 어찌 내 뜻대로 되겠는가! 참는 자가 승리자임을 기억하면 된다.

도전하는 인생은
행복하다

:

해외토픽에, 여러 가지 도전에 달성해 기네스북에 오른 미국인이 소개된 바 있다. 퍼맨이라는 이 사람은 57세 당시 365가지 종목에 달인이 되었다. 그 도전이란 오리발 신고 뛰기, 사람을 둘러메고 오래 뛰기, 골프공 튕기며 빨리 걷기 등 대략 이런 기록들이었다. 그는 미국의 명문대학인 컬럼비아대학교를 중퇴한 수재였다.

한 기자가 그에게 "명문대학 중퇴자로 화이트칼라로 살 수 있는데 왜 그렇게 평범한 인생을 살지 못하십니까?"라고 질문하자, 그는 이렇게 대답했다.

"나는 전진하는 삶을 지향하고 이 자체가 행복이며, 계속 도전하는 것은 행복하기 위해서입니다. 32년 전부터 기네스북에 도전하기 위해 끊임없이 노력했는데, 그 비결은 명상의 힘이었습니다."

퍼맨이 기네스북 달인으로 유명인사가 되자, 공식적으로 후원을 해준다는 기업도 있었고, 자서전을 기획하자는 출판사도 있었지만 그는 모든 제의를 거절했다. 그가 현재 하고 있는 일은 작은 식품점을 꾸려가면서 해보지 못한 도전기록을 위해 또 도전하는 일이 전부다.

퍼맨에 관한 뉴스를 접할 무렵인 2011년 가을, 히말라야를 등반하던 박영석 대장과 산악인 두 명이 죽음을 맞이했다. 박영석은 세계 최초 7대륙 최고봉 완등, 히말라야 8,000m급 1좌 완등, 산악 그랜드슬램 달성 등 화려한 이력을 지닌 인물로 동국대학교 도서관 입구에 그의 모습이 부조되어 있다. 그 부조에는 "1%의 가능성만 있어도 절대로 포기하지 않는다"라고 한 박영석 씨의 명언이 새겨져 있다. "도전하는 자가 세상의 주인"이라고 말한 박영석은 세상에 존재하지 않지만 살아 있는 우리의 멘토요, 주인이다. 비록 중년의 인생으로 삶을 마감했지만 본인이 하고 싶은 일을 하면서 살다갔으니 매우 행복한 사람이라고 생각된다.

사람이 종교를 갖고 직장을 구하고, 결혼을 하는 등 삶의 목적은 바로 행복을 위해서다. 그렇다면 우리 현대인들은 얼마만큼 행복한 삶을 살고 있는가?

기네스북 달인 퍼맨과 박영석 씨를 보면서 인생의 행복이 무엇인가를 화두로 삼게 되었다. 돈이 많다고 행복한 것도 아니고, 이름이 널리 알려져 명예가 높다고 행복한 것이 아니다. 내가 원하지 않는데, 세상 사람들이 훌륭하다고 말하는 직업을 억지로 가질 필요는 없다. 남의 이목을 생각해 번듯한 일을 해야 한다는 강박관념은 자신을 불행하게 만드는 생각이다. 설령 배가 조금 고플지라도 내가 하고 싶은 일을 지향하며, 자신이 추구하는 삶을 향해 한 발, 한 발 도전하는 것이 인생의 진정한 행복이요, 삶의 의미가 아닐까. 현재 자신이 꿈을 향해 나아가고 꿈꿀 용기만 있으면 무엇이든지 성취할 수 있다.

지금 이 글을 읽는 독자들은 인생의 중간결산을 해보면 어떨까? 명예와 부보다 진정한 행복을 위해 자신이 좋아하는 일을 하며 살아가고 있는지 말이다. 아직 학생이라면 자신이 하고 싶은 일과 원하는 것을 향해 준비해가고 있는지 생각해보자.

영화에 이런 대사가 있다.
"실패자가 뭔지 아니?"
"진짜 실패자는 지는 게 두려워서
도전조차 안 하는 사람이야. 넌 지금 도전 중이잖니."

인생의 복병은
늘 곁에 도사리고 있다

:

　　　　　추운 겨울, 강원도 강릉 산골에 위치한 사찰을 다녀갔다. 논문을 쓰기 위해 꼭 답사해야 할 사찰이었고, 무릎이 불편해 자동차를 이용할 수밖에 없었다. 당시 12월 초, 서울은 눈이 오지 않아 눈을 보지 못했다. 강원도 깊은 산골로 들어서니 눈 덮인 산이 한눈에 들어왔다. 호젓한 도로를 달리며, 이렇게 설경을 볼 수 있다는 사실에 그저 행복해했다. 그런데 그 행복도 잠시였다.
　　시골길 도로공사를 하는 사람들이 아무 데나 놔두었던 공구에 차가 펑크가 났다. 게다가 도로의 중앙 경계선을 긋는 하얀색 락카까지 터져 차 뒷문에 튀었다. 그냥 물로 닦을 수 있는 것이 아니었다. 일순간의 행복은 깨졌다.

일단은 귀찮은 일이 생겼고, 예산에 없던 경제 손실을 따져보니 마음이 불편해지기 시작했다. 생각지도 않은 일이 발생해 목적지에는 갈 수 없었고, 영하 10도의 추위에 허허벌판에서 시골 아저씨들과 실랑이를 해봐야 소용없을 것 같아 펑크 난 타이어는 포기를 했다.

우선 차에 튄 흰색 락카만이라도 지워달라고 부탁했다. 몇 사람이 동원되자 휘발유를 사용해 차에 튄 락카자국을 지울 수 있었다. 몇 달이 지난 지금도 차 뒷바퀴에는 락카의 흔적이 남아 있다.

계획의 차질과 경제적 손실 등을 헤아리며 내 마음에는 불같은 지옥이 시작되었다. 한 치 앞을 모르는 것이 인생이라더니, 이 말을 실감할 수 있었다. 손해가 생긴 것은 벌써 기정사실이요, 부정해봐야 내 마음만 힘든데도 마음은 쉽게 가라앉지 않았다. 그날 저녁, 일정을 포기하고 월정사에서 하루 묵으며 마음을 정리했다.

사람이 어디에 살아도 고통스럽고 귀찮은 일이 발생하기 마련이다. 더불어 손해 보는 일은 당연하다. 축구에서만 복병이 있는 것이 아니라 인생에서도 예기치 않은 일이 발생하는 것이 우리 중생의 삶이다. 어차피 발생한 일에 대해 긍정적으로 보느냐, 부정적으로 보느냐에 따라 인생은 달라질 수 있다. 사람은 불행한 일을 삶의 지혜로 전환할 수 있는 이성적인 기능을 가지고 있다.

우리는 살아가면서 좋은 일은 당연한 것으로 받아들이고, 좋지 않은 일은 억울해한다. 더 나아가 '남들은 멀쩡한데, 왜 내게만 이런 일이 생기는 걸까?' 하고 자책까지 한다. 인간이란 얼마나 어리석은 존재인가?

조삼모사朝三暮四라는 고사가 있다. 원숭이에게 먹이를 아침에 3개 주고, 저녁에 4개 준다고 하자 원숭이는 화를 내며, 아침에 4개 주고 저녁에 3개 달라고 요구했다는 것이다. 똑같은 7개를 받을 건데, 당장 눈앞에 생기는 이익만 탐하는 어리석은 모습을 비유하고 있다. 삶도 그러하다. 좋은 것이든 좋지 않은 것이든 마음에 비중을 함께 두어야 한다.

이렇게 좋은 진리를 마음에 새기고도 근래 까마득히 잊고 살았다. 작년 가을부터 무릎 때문에 고생하는데, 근래에는 침을 맞고 있다. 강의뿐 아니라 내 공부에도 차질이 생기며, 생활 면에서도 불편한 일이 많다. 좀 억울한 생각도 들었다. 그때 문득 강원도에서 겪었던 일을 떠올렸다. 몇 년간 내게 좋은 일만 생겼으니, 한 번쯤 병고가 찾아오는 것이 당연한 일 아니겠는가! 어쩌면 무릎통증이 아니었다면 내게 다른 병이 찾아왔을지도 모르는 일이다. 잠시 망각하고 있었다.

인생을 운명대로 살아가야 한다는 뜻이 아니다.
삶에는 불행이라는 복병이 늘 도사리고 있다는 것,
그 진실을 겸허히 받아들이고,
삶의 순경계와 역경계를
똑같이 수용하는 마음가짐이 필요하다는 뜻이다.
그렇게 여기니 무릎이 한결 덜 아픈 것 같다.
이렇게 마음을 전환하는 것만으로도 효과가 있다.

개미와
베짱이

⋮

　　　　　백거이白居易(772~846)는 중국 당나라·송나라 600년 역사에서 8대 문장가 중 한 사람이다. 자字가 낙천으로 한국에서는 백낙천으로 잘 알려져 있다. 통속적인 언어 구사와 풍자에 뛰어나며, 평이하고 유려한 시풍을 남긴 사람으로 중국 문학사에 훌륭한 문인으로 알려져 있다. 백낙천은 중앙 관료로 일하면서도 황제나 주위 사신들의 그릇된 행동을 참지 못하고 직언하는 성격 때문에 지방으로 좌천을 많이 당했다. 그는 이렇게 좌천을 당해 지방에 머물 때마다 그 지방의 승려들을 찾아다니며 수행을 하였다.

한 번은 항주로 좌천되어 자사刺史로 지낼 때이다. 마침 그 인근에 조과도림이라는 승려가 머물고 있다는 말을 듣고, 스님을 찾아갔다. 새가 나무 위에 집을 짓고 사는 것처럼 늘 나무 위에서 좌선한다고 하여 사람들이 '조과鳥窠'라고 부르던 스님이었다.

백낙천이 사찰에 들어서니, 스님이 나무 위에서 좌선하고 있었다. 낙천이 머리를 들어 스님을 불렀다. 도림이 나무 아래를 내려다보자, 소문으로만 듣던 낙천이 서 있었다. 낙천이 큰 소리로 외쳤다.

"스님, 높은 곳에 계시면 매우 위험합니다."

"나무 위는 위험하지 않습니다. 그대가 살고 있는 세상이 더 위험해 보입니다."

"스님, 제가 이 마을의 자사로 왔습니다. 평생에 좌우명 삼을 만한 법문을 듣고자 찾아왔습니다."

"그래요. 좋은 말 한마디 해드리지요. 모든 나쁜 짓 하지 말고, 매우 좋은 일만 하십시오. 그리하여 자기 마음을 청정히 하는 것, 바로 이것이 어떤 부처님이 탄생하더라도 가르치는 진리(諸惡莫作 衆善奉行 自淨其意 是諸佛教)입니다."

"스님도. 그런 거야 삼척동자도 다 아는 일 아닙니까?"

"삼척동자도 알기는 쉬워도 팔십 먹은 노인도 행하기는 어려운 것입니다."

천하의 백낙천이 스님 말씀 한마디에 고개만 숙이고 돌아갔다.

이 구절은 칠불통계게七佛通戒偈(석가모니 부처님을 포함한 여섯 분의 과거 부처님께서 공통으로 훈계하는 가르침)라고 하는데, 불교경전 여러 곳에서 언급하고 있다. 필자 역시 훌륭한 고사라고 생각해 1장에 이어 다시 언급해보았다.

　필자는 동네꽃집에 가서 종종 나무나 꽃을 산다. 꽃집 앞에 과일 파는 노점상이 있는데, 하루는 꽃집에 갔더니 과일 파는 30대 후반쯤 되는 아저씨가 보이지 않았다. 꽃집 아주머니가 그분에 대해 말해주길, 아저씨는 지하셋방에 살고 있고 과일을 하루 팔면 평균 4~5만 원을 버는데, 술값으로 2만 원, 복권 사는 데 1만 원 이상을 쓴다고 한다. 꽃집주인은 젊은 사람이 대책 없이 산다며 걱정하셨다. 실은 듣는 내가 더 안타까웠다.
　이런 분이 복권 당첨되면 죽을 때까지 힘들지 않게 잘 살까? 아닐 것이다. 실은 누구나 다 안다. 열심히 벌고 개미처럼 저축하면 부자가 된다는 것. 설령 부자는 못 되더라도 편안한 노후를 준비할 수 있다는 것을.
　노점상을 해서 힘들게 돈을 버는 만큼 미래를 위해 저축이라도 해서 좀 더 나은 미래를 꿈 꿔야 하지 않을까? 아는 것이 중요한 것이 아니라 질적인 삶을 위해 몸소 실천하는 것이 중요하다는 것이다. 복권 사는 일이 부질없는 일임을 받아들이고, 한 푼 한 푼이 모여 열 푼이 되고 열 푼이 모여 백 푼이 되는 사실을 알아야 한다. 옛말에 "개같이 벌어서 정승같이 쓰라"고 했듯이 번 돈이 귀함을 실천으로 발전시켜야 한다.

  이 글을 쓴 의도는 착한 일을 하라는 뜻이 아니다. 삶의 방향을 분명히 파악하고 차곡차곡 실천해 나가는 것이 중요하다는 말이다. 적어도 가난은 대물림하지 않아야 한다. 설령 물질적 가난을 자식에게 남겨줄지언정 헛되이 쓰지 않고 피땀 흘려 버는 실천정신, 그 실천정신만 물려주어도 자식 대에는 가난하지 않을 것이다.

고통과 괴로움이
그대를 옥으로 만든다

:

여름에 중국 사천성을 다녀오면서 아미산에서 구입한 녹차가 있다. 중국에서는 고정차苦丁茶라고 부른다. 이 고정차는 차의 역할도 있지만 약의 역할도 하여 중국 사람들이 즐겨 마시는 차 가운데 하나다. 청나라 황궁의 여인들도 자주 즐겨 마셨다고 한다.

이 고정차에도 여러 종류가 있다. 녹차보다도 진한 초록빛의 야생차 계통이 있고, 일엽차一葉茶(큰 차 이파리 하나를 새끼모양으로 꼬아놓은 것)라고 불리는 고정차 등 다양하다.

요즈음 종종 고정차를 마시고 있다. 이 차는 약간 쓴맛을 지니고 있는데, 이 차를 마신 뒤 다른 차를 마시면 그 어떤 차든 간에 차가 맛있다는 생각이 든다. 게다가 고정차를 통해 예전에 마시던 차가 얼마나 귀한 차인지를 알게 된다. 어쨌든 모든 차맛을 좋게 느끼게 하는 비결이 바로 이 고정차의 쓴맛에 있다는 점이다.

고정차를 통해 다른 차의 귀함을 느끼듯, 사람 사이의 관계도 마찬가지라는 생각이 든다. 늘 옆에 함께하는 사람이 나를 가장 사랑해주는 사람인데, 우리는 그것을 모르고 있다. 우리들은 사람을 잃고 나서야 그 사람의 빈자리를 느끼고 힘겨워한다.

국가의 운명도 이와 비슷할 것이다. 중국 베이징에 위치한 원명원圓明園은 청나라 황제들의 여름궁전이었다. 청나라 말기, 영국과 프랑스 연합군의 폭격으로 원명원이 파괴되었는데, 100여 년이 흐른 지금까지 파괴된 채로 두었다. 중국인들에게 외국의 침입이 어떤 의미인가를 보여주기 위함이요, 국가의 불행했던 흔적을 자각하라는 뜻이다. 한 나라의 운명도 이러할진대 한 개인의 삶은 말할 것도 없을 것이다.

젊은 사람이라면 현재 많은 경험을 쌓는 것이 중요하다. 인간은 누구나 살아가면서 희로애락을 경험한다. 누구나 자신에게 좋고 행복한 일만 가득 차기를 바라지만, 현실적으로는 그렇지 못하다. 예기치 못한 시련을 겪고 고통받는다. 그러다 보니 경험 중 좋은 일도 있을 테고, 다시는 겪고 싶지 않은 일도 있을 게다. 어떤 경험이든 소중한 법이지만 좋은 경험보다는 불행하고 힘겨웠던 경험이 더 가치가 있어 보인다. 좋지 않은 경험이 그 사람을 더 성숙하게 만듦이요, 불행했던 경험은 다시 한 번 도약할 수 있는 밑거름이 되기 때문이다. 힘들었던 시절이 있기에 인생의 깊이를 느낄 수 있으며, 겸손함을 배울 수 있는 법이다.

"고통과 괴로움이 그대를 옥으로 만든다"라는 옛 말이 있다. 고통스러웠던 만큼 기쁨과 행복의 높이도 커지는 것이다. 고통의 극복을 통해 인생을 알아가는 것이요, 인생도 깊어간다. 설령 삶이 그대를 속일지라도 반드시 밝은 햇빛이 그대 가슴속에 들어올 것이다. 소나무가 비바람에 굴복치 않아야 천년의 푸름을 간직할 수 있음이요, 고정차의 맛이 있기에 다른 차의 맛을 알 수 있는 것처럼. 불행한 일이 있을 때 이를 바탕으로 꿋꿋이 살아가자. 그럴 때에야 비로소 인간의 참된 가치가 드러나는 것이 아닐까?

살아가는 데 있어 이런 식으로 견주어 본다면 삶의 만족도가 높을 것이다. 평범한 삶이 사람을 행복하게 해주지는 않는다. 어쩌면 그 평범한 속에 행복이 있는데도 그 행복이 내 곁에 있는 줄 모르고 있는 것이다. 가끔 고달프고 힘겨울 때가 있어야 예전의 행복했던 때를 알 수 있지 않을까?

삶이 아름다운 이유

:

《사십이장경》에 이런 내용이 있다. 부처님과 제자들이 대화를 하는데, 사람의 목숨에 관한 내용이었다. 부처님께서 먼저 제자들에게 물었다.

"사람 목숨이 얼마 동안에 있느냐?"

갑이라는 제자가 이렇게 답했다.

"사람의 목숨은 며칠 사이에 있습니다."

"그대는 아직도 도道를 모른다."

그다음 을이라는 제자는 이렇게 답했다.

"밥 먹는 사이에 있습니다."

"그대도 아직 도를 잘 모른다."

병이라는 제자가 이렇게 답했다.

"부처님, 저는 사람의 목숨이 호흡과 호흡 사이에 있다고 생각합니다."

"그대는 도를 잘 알고 있다."

부처님은 사람의 목숨이 호흡과 호흡 사이에 있다고 답한 제자를 칭찬해주었다. 인간이 살아 있을 때는 숨을 쉴 것이요, 숨을 쉬지 않는다는 것은 죽음을 말하기 때문이다. 호흡은 삶과 죽음 사이의 경계선이라고 볼 수 있다.

그런데 삶과 죽음이 숨 쉬는 그 찰나 사이에 있다는 것은 인간의 삶이 풀잎에 맺힌 이슬(草露)만큼 짧고 무상함을 보여주는 내용이다. 얼마 전 한 지인知人이 세상을 하직했다. 참으로 살아 있다고 장담할 생명이 누가 있을 것이며, 생명이 계속되는 것처럼 착각하는 인간의 오만이 얼마나 헛된 것인지를 새삼 느낀다.

중국의 진시황제秦始皇帝(B.C. 259~B.C. 210)가 거대한 산처럼 자신의 능을 짓고 그 능을 지키는 병마용을 지은들 무슨 소용이 있었겠는가! 그는 불로초를 구해 영원히 살고자 했지만 쉰 살도 채 넘기지 못하고 죽었다. 또한 그리스·페르시아·인도 등을 정복해 대제

국을 건설하고자 했던 마케도니아 알렉산더대왕Alexandros the Great(재위 B.C. 336~B.C. 323)도 33세에 죽었다.

인간을 살상하고, 자신의 야욕을 채우려고 발버둥쳐도 인간의 생명은 늘 한계 속에서 살아갈 수밖에 없다. 요 근래 봄철인지라 산과 들에 봄의 향연이 눈을 즐겁게 해준다. 진달래, 벚꽃, 개나리 등 무수한 꽃들이 피어 있다. 이 꽃들이 이렇게 아름답게 느껴지는 이유는 봄 한철 격정적으로 피었다가 금세 사라지기 때문이다. 이 꽃이 1년 내내 매달려 있다면 사람들은 꽃을 아름답다고 생각지 않을 것이다. 그들의 생명이 짧음을 알기에 사람들은 봄을 만끽하려고 꽃구경을 한다. 인공꽃이었다면 눈길 한 번 주지 않을 것이다.

사람의 삶도 그러하다. 잠깐 동안의 삶이기에 인간은 위대한 것이고, 그 잠시의 삶이기에 열심히 살아야 하며, 짧은 삶이기에 인간이 아름다운 것이다. 불교에서 말하는 무상無常이란 세상과 마음, 모든 존재는 변화될 수밖에 없는 특성을 갖고 있으므로 있는 그대로를 느끼고, 있는 그대로를 받아들여 미래지향적 삶으로 발전시키라는 뜻을 담고 있다.

행복한 인생의
비결

:

　　다음 내용은 수년 전에 인터넷에서 읽은 글인데, 한번쯤 되새길 만한 글이라 생각해 늘 염두에 두고 있었다. 그 내용은 이러하다.
　　네덜란드의 유명한 의사였던 볼 하테의 유산 몇 가지가 경매되었다고 한다. 그런데 그 유산 가운데 단단히 봉인된 책 한 권이 포함되어 있었다. 표지에는 "건강의 비결"이라고 쓰여 있었다. 그곳에 모였던 사람들은 하나같이 그 책에 엄청난 내용이 들어 있어 내용이 공개되면 의학의 한 분야가 새로이 개척되고, 수명연장의 열

쇠를 발견할 거라고 생각하였다. 의학계에 소문이 퍼지자, 경매장에 의학과 관련된 학자들이 몰려들었다. 경매가 시작되자 가격은 계속 올라갔고, 그중 한 사람이 엄청난 거액을 제안해 그 사람에게 그 책이 낙찰되었다.

　책을 산 사람은 집으로 돌아와 봉인된 책을 조심스레 뜯어보았다. 가슴 두근거리며 조심스레 책장을 넘겼는데 계속 백지 상태였다. 드디어 그 책의 마지막 페이지에 커다란 글씨로 세 문장이 적혀 있었다.

　여기까지 읽은 독자도 잠시 멈추고 생각해보라. 과연 위대한 의사가 남긴 건강의 비결은 무엇일지를.

　　　　머리는 차게 하고, 발은 따뜻하게 하라.
　　　　지나친 욕심을 부리지 말고 항상 마음을 편안하게 하라.
　　　　그러면 모든 의사를 비웃게 될 것이다.

　이 의사가 제시한 똑같은 내용이 《법구경》에도 있다.

건강은 가장 큰 축복이요,
적은 것으로 만족할 줄 아는 소유지족少有知足은
으뜸가는 재산이다.
인생의 참된 벗은 나를 이해해주는 친척이고,
깨달음을 얻는 것은 뛰어난 행복이다.

대학에서 1학기 수업을 종강하고, 계절학기 강좌에서 강의를 하였다. 그즈음에 강의만 해야 하는데, 논문을 하나 준비하느라 분주한 시간을 보내고 있었다. 종강하는 무렵, 논문도 함께 마무리되었다. 그런데 문제가 터졌다. 동시에 일을 성취했지만 건강에 이상이 생겨 근 열흘을 아무것도 못하고 몸살을 앓았던 것이다. 좀 더 많은 것을 얻고자 했던 행동인데, 젊은 사람이 아니다 보니 두세 가지 일을 성취할 수 없었던 것이다. 그 나이와 건강의 페이스에 맞춰 지혜롭게 일을 해나가는 것도 건강의 비결이라고 본다. 곧 지나친 욕심은 건강을 잃게 하고, 마음도 힘들게 한다. 그런 데다가 마침 뇌출혈로 쓰러진 지인이 있어 수유리 국립재활원에 문병을 다녀왔다. 그 지인과는 20년을 알고 지낸 인연인데, 의학적인 원인이 있겠지만 과다한 의욕으로 늘 자신을 힘들게 하여 그렇지 않아도 걱정하던 차에 병이 발생한 것이다.

자신이 만든 지나친 욕심이 결국 자신을 망친다. 욕심이 어찌 건강만 잃게 하겠는가? 모든 것을 잃게 만든다는 점, 마음에 새겨 두자.

나의 천적이자, 인생동반자는 바로 나

⋮

결국,

나의 천적은

나였던 거다.

조병화 선생님의 〈천적〉이라는 시이다. '천적'이란 동물세계에서나 인간세계에서 자신을 가장 위협하는 존재이기도 하지만, 자신을 발전시킬 도약의 계기가 되기도 한다. 사자는 정글에서 군림하는 왕이다. 어떤 동물도 감히 사자에게 덤비지 못한다. 사자에게 있어 천적은 없는 셈이다. 그런데 그 용감무쌍한 사자에게도 무서운 적이 하나 있다. 사자의 몸속에서 생겨난 작은 벌레이다. 《법구경》에 "사자신중충獅子身中蟲"이라는 말이 있는데, 사자의 몸에서 생겨난 벌레가 사자의 살을 파먹어간다는 뜻이다. 아무리 용감한 사자도 외부가 아니라 내부에서 생겨난 작은 존재에 의해 무너진다.

세상일도 마찬가지라고 본다. 한 나라가 망하는 데는 외부의 무서운 공격보다 내부갈등이 문제로 작용한다. 강력한 고구려가 망하기 전, 고구려는 내분이 심각했다. 왕좌를 차지하기 위해 왕자들의 싸움이 지속되자, 결국 나라의 주도권이 대막리지인 연개소문에게 넘어갔다. 그런데 연개소문이 죽자, 세 아들이 서로 군권을 장악하려고 싸움을 하였다. 결국 내부분열이 심각해지면서 신라와 당의 연합군에 의해 쉽게 패망한 것이다. 아마 한 집안도 그럴 것이다. 식구끼리 뭉쳐져 단합이 되었을 때, 세상의 그 어떤 어려움도 이겨낼 수 있는 법이다.

《법구경》에 "전쟁터에서 백만 적군을 이기는 것보다 자기 한 사람을 이긴 사람이 가장 위대한 승리자다"라고 하였다. 어떤 일을 이루고자 할 때, 게을러지는 습성, 편안함에 대한 추구, 못된 근성 등을 이겨내야 한다. 진정 이것을 이겨냈을 때, 인생에서 승리자가 되는 법이다. 히말라야를 등반하는 사람이 어떻게 정상에 오를 수 있었을까? 추위와 고통보다 자기 자신을 먼저 이겨냈기 때문에 정상에 오른 것이다.

　이 세상은 신이 주는 능력과 의지로 살아가는 것이 아니라, 자신의 의지로 살아가는 것이다. 그대의 인생을 책임지고 주도해갈 사람은 신이 아니라 바로 자신이다. 누구도 그대를 대신해서 살아주지 않는다. 스스로의 힘으로 일어나야 한다. 파스칼은 "불행의 원인은 늘 내 자신에게서 비롯된다"라고 하였다. 우리의 행복과 불행은 스스로에 의해 만들어진다. 곧 행복과 불행의 기로에서 선택의 열쇠는 자신이 쥐고 있는 것이다.

어떤 것이든 스스로 문제 삼지 않으면
고뇌는 없다.
자기 생각이 만들어낸 고통에 의해
자신이 고통받는다.
행복이라는 공장도 자신이 가동시키는 것이요,
불행이라는 공장도 자신이 운영한다.
자신이 세상에서 가장 무서운 천적이 되기도 되지만,
위대한 동반자가 되기도 한다.

세상에서 최고로
행복한 사람들

:

날씨가 추워도 문제지만 더운 날씨에 몸을 움직여 노동하는 사람들은 더위가 반갑지만은 않을 것이다. 며칠 전 대학교 한 건물에서 다른 건물로 옮겨가는 도중이었다. 엘리베이터를 타기 위해 문 앞에서 기다리는데, 청소를 하는 60대 초반의 아주머니가 큰 쓰레기통을 끌고 서 있었다. 잠깐 눈인사를 하고 함께 엘리베이터에 올랐다. 한낮 정오, 땀범벅인 아주머니가 안타까워 "이렇게 더운데 고생이 많으십니다. 일이 힘드셔도 건강하세요"라고 먼저 말을 건넸다. 내 말이 끝나자, 아주머니는 수줍은 표정으로 감사하다는 말을 하며 이렇게 말했다.

"스님, 무슨 고생입니까? 이 나이에 이렇게 일할 수 있어서 좋은데요. 그저 일할 수 있다는 것만으로도 감사할 따름이지요."

필자의 생각에 그분은 어떤 종교의 신을 염두에 둔 것도, 어느 누구를 지칭해 감사하는 것도 아닌 것 같았다. 만족할 줄 아는 것, 스스로에 지족知足하는 마음가짐으로 보였다. 솔직히 그분의 월급이 대략 얼마인지를 안다. 용역업체에 소속되어 근무하는 데다가 점심도 학교에서 제공되지 않으니, 겨우 기본생활 수준의 봉급일 것이다.

또 강의를 다 마치고, 오후 늦게 대학캠퍼스 안에 있는 법당(동국대학교는 불교재단학교)에 참배하러 들어갔다. 300평 정도인 건물인데다 많은 사람이 드나드는 곳인지라 관리자와 청소하는 분이 따로 있다. 참배를 하고 나오는데, 법당의 청소담당자가 바뀌어 있었다. 20여 년 동안 근무하던 분이 아닌지라 담당자가 바뀌었냐고 물었더니, 그렇다는 답변이었다. 그분은 필자에게 먼저 이런 말을 하였다.

"저는 청소구역이 법당으로 배정되어 너무 행복해요. 청소일이지만, 일이라고 생각하지 않아요. 일부러 사찰에서 법당봉사하는 사람도 있는데, 저는 월급도 받으면서 봉사하니 정말 감사하지요."

공교롭게도 하루에 청소담당자 두 분과 대화를 나누었다. 필자가 먼저 말을 붙이는 성격은 아니다. 얼마 되지 않은 월급인 데다 더위에 노동한다는 점이 안타까워 위로하는 차원에서 말을 건넨 것인데, 오히려 필자가 그들에게 교훈을 얻었다. 그들은 자신의 신세를 한탄하지 않고 자신들이 일을 할 수 있다는 그 자체에 만족하고, 감사해했다.

인간은 자신이 가진 능력보다 스스로에게 더 많은 것을 요구한다. 곧 능력은 50인데, 욕구는 100에 초점을 두기 때문에 그 차이가 곧 괴로움이 되는 것이다. 경제적으로도 가지고 있는 재산이 50인데, 욕심은 100에 마음을 둔다. 가난한 사람들은 탈세하지 않는다. 한 해에 수천 억 수익을 거둔 사람들이 탈세를 한다. 다 욕심에서 기인한다.

그때 필자가 만난 분들은 경제적으로 넉넉한 분들이 아니었다. 하지만 마음만큼은 최고의 부자들이었다. 주어진 삶에 만족하고 주어진 일에 감사할 줄 아는 마음 자세, 바로 이 자세를 지닌 이가 성공한 사람이 아니겠는가! 불교경전인 《유교경》의 구절을 소개하며 이 글을 마치고자 한다.

적은 소유에도 만족할 줄 아는 사람은
어디서나 마음이 넉넉하고 행복을 느낀다.
만족할 줄 아는 사람은
비록 맨땅 위에 누워 있어도 편안하고 즐거워하지만,
만족하지 못한 사람은
천당에 있어도 불편하다고 불평만 일삼는다.

생각에 머물러 있지 말라

:

일반적으로 사람들은 자기 생각에 갇혀 산다. 살아오면서 배운 지식과 사회적 통념 그리고 자신만의 관념, 생각에 고착되어 있다. 어떤 일에 대해서도 단순히 있는 그대로 보는 것이 아니라 자신의 관념화된 통념으로 판단하고 해석한다.

오래전에 인터넷에서 보았던 내용을 예로 들어보기로 한다. 어떤 사람이 나이아가라 폭포로 여행 가기를 학수고대하였다. 마침내 그는 휴가를 내 나이아가라 폭포에 도착했다. 그렇게 와보고 싶었던 폭포인지라 그는 감탄사를 연발하며 폭포의 장관을 구경하였다.

그는 그 순간을 잊지 않기 위해 폭포물을 떠서 맛있게 마셨다. "아, 물맛 좋네!" 하고, 소리를 지르면서 자신이 살아오면서 가장 맛있는 물을 마셨다고 자부했다. 한참 시간이 지나 폭포를 떠나기 위해 발걸음을 옮기려는 찰나, 그는 폭포 옆에 '포이즌POISON'이라고 쓰인 팻말을 보았다. 그는 그 단어를 보는 순간부터 배가 아프기 시작했다. 고통은 점점 심해지더니 창자가 갈라질 듯이 아파 결국 쓰러지고 말았다. 친구들은 걱정이 되어 구급차를 불러 병원으로 데리고 갔다. 병원에 도착한 친구들은 자초지종을 설명하며, 환자가 폭포의 독성분이 든 물을 마셔서 병원에 왔다고 하자, 의사가 말했다.

"포이즌은 영어로는 독이지만, 프랑스어로는 '낚시금지'라는 뜻입니다. 별 이상이 없을 터이니 돌아가셔도 됩니다."

이 말을 듣는 순간, 그 사람은 아무렇지도 않은 듯 벌떡 일어나 자기 발로 걸어 나갔다고 한다.

글을 읽는 독자들은 그 사람을 어리석다고 하겠지만, 실은 우리 모두의 이야기다. 그 사람은 '나는 독성분을 마셨기 때문에 곧 배가 아플 것이다'라는 생각에 지배됐던 것이다. 이렇게 인간은 생각에 고착되어 있어 자신의 몸과 마음에 고통을 만들어낸다.

어느 상담자가 자신의 상담내용을 분석해 공개한 적이 있다. 자료에 의하면, 40%는 일어나지 않은 일에 대한 걱정, 30%는 돌이킬 수 없는 과거의 일 걱정, 12%는 질병에 걸리지 않을까 하는 걱정,

10%는 장성한 자녀들과 친구들에 대한 걱정 등이었다. 실제 현실 문제에 대한 걱정은 겨우 8%뿐이라는 통계이다. 곧 생각의 92%는 아직 발생하지도 않은 걱정이나 두려움으로 가득 차 있으며 일어나지도 않은 일을 스스로 만들어내 형상화한다는 말이다.

인간의 이런 나약함을 꼬집은 《그리스인 조르바》의 저자 니코스 카잔차키스는 그의 묘비명에 이렇게 새겨두었다. "나는 아무것도 원치 않는다. 나는 아무것도 두려워하지 않는다. 나는 자유다."

그 자유란 두려움이나 생각에 갇혀 있지 않은 참다운 현재의 자기를 말한다. 불교에서도 모든 것은 마음먹기에 달려 있으니(一切唯心造) 지나치게 근심하지도 말고 현재의 행복을 누리라고 하였다.

모든 이들은 생각으로 스스로를 옭아맨다.
자기 스스로가 속박하지 않는 한
결코 어느 누구도 그대를 속박하거나 묶지 않는다.
자신 스스로 해방될 수 있다.
그대가 현재 힘들다고 한다면,
자신의 내부를 들여다보라.
해결할 열쇠는 그대의 생각전환에 달려 있다.

어느 즈음,
행복을 맛볼 수 있을까?

⋮

　　　　　　인생길 어느 쯤에야 행복을 느끼고, 삶을 즐길 수 있을까? 대학에서 강의를 하는 도중, 학생들에게 이런 질문을 하였다.
　"여러분! 중고등학생 때, 부모님이나 선생님으로부터 무슨 말을 제일 많이 들었습니까?"
　"좋은 대학에 들어가라는 거요."
　"왜 부모님이나 주위 사람들이 여러분들에게 좋은 대학에 들어가야 한다고 했습니까?"

"…."

"그러면 여러분은 지금 대학에 다니고 있으니 어른들의 말대로 목표를 이루었는데, 행복하세요?"

"아뇨. 대학에 입학하면 걱정이 없을 줄 알았는데 학점, 친구들과의 관계, 스펙 등으로 대학생활이 힘듭니다."

"그렇군요. 왜 스펙을 쌓아야 하고, 학점이 좋아야 합니까?"

"좋은 직장에 취업하려고요."

"좋은 직장에 취업해 무엇 하려구요?"

"돈을 많이 벌려고요."

"돈을 많이 벌어서 무얼 하려구요?"

"돈 많이 벌어서 행복하려고요."

마지막 목적지가 '돈 많이 벌어 행복하게 사는 것'이라고 했는데, 사람들이 인생의 마지막에 도착하면, 진짜 그때 행복을 누리면서 살아갈까? 글쎄? 필자 소견으로는 NO다.

중고등학생 시절에는 '좋은 대학'에 목표를 두지만 정작 대학에 들어와서는 상아탑의 낭만을 즐기지 못하는 것이 현실이다. 어느 매체에서 대학생들에게 올해 여름방학계획을 물었더니, 1위가 '취업준비'라고 하였다. 결국 대학도 취업준비를 위한 장소가 되어버렸다. 취업해 돈을 버는 것이 행복이라지만, 취업 후에는 또 승진을 향해 걸어간다. 더 나아가 남들보다 높은 자리에 오르면 행복할 것 같지만 후배들이 자신의 위치로 치고 올라올까 전전긍긍해야 한다.

적당한 불안과 욕망은 삶의 원동력이 된다. 하지만 인간의 걱정이란 적당하지 않고 늘 불안한 삶을 지속시킨다. 삶이 이렇게 우리를 늘 불안하게 만들고 있으니, 언제쯤 행복한 삶을 누릴 것인가?

어느 글에서는 보니, 인생을 80년으로 보았을 때 잠자는 데 26년, 일하는 데 21년, 먹는 데 6년, 차나 사람을 기다리는 데 5년을 보내는데 행복했던 시간을 헤아려보면 불과 46시간밖에 되지 않았다고 한다. 또 독일의 괴테는 일생에서 정말 행복했던 시간은 15분이 채 되지 않는다고 고백했으며 나폴레옹도 평생 동안 진정으로 행복했던 시간은 일주일도 안 된다고 하였다.

그렇다면 언제쯤 행복을 누릴까? 불안함과 행복하지 못한 상태는 외부가 아닌 자신이 만들어낸다. 그러니 미래가 아닌 바로 이 순간에 행복을 자각해야 한다. 짧은 인생을 살면서 왜 부정적인 마인드를 가지고 불행한 삶을 자처해야 하는가? 스스로 상처를 만들지 말라. 《법구경》에 "상대방이 나에게 주는 상처보다 자신의 그릇된 마음으로 발생하는 피해가 훨씬 크다"라고 하였다.

어차피 주어진 인생이다. 순간순간 그 주어진 시간과 일에서 행복하려고 자각하고, 행복하다고 외쳐보아라. 행복은 멀리 있지 않다. 바로 그대 곁에 있을 것이다. 필자가 좋아하는 나태주 님의 〈행복)이란 시를 소개하며 이 글을 마치려고 한다.

저녁 때,
돌아갈 집이 있다는 것.
힘들 때,
마음속으로 생각할 사람이 있다는 것.
외로울 때,
혼자서 부를 노래가 있다는 것.

자식에게 남길
최대의 유산

:

대학생들의 과제를 받는 즈음이다. 한 학생이 과제를 제출하면서 자신의 이야기를 들어달라며, 메일을 하나 보내왔다. 내용 중 일부만 소개하면 이러하다.

제가 어렸을 때 어머니는 집을 나가셨습니다. 어머니의 빈자리로 인해 아버지와 저와 누나 모두가 힘들어했습니다. 결국 저는 정신적으로 약해졌습니다. 누나도 집에서 버티지 못하고 상의 한마디 없이 어머니에게 갔습니다. 스트레스에 못 이겨 고3 때 나쁜 마음도 먹었지만, 다행히 어머니가 절 데리러 오셨고 결국 어머니댁으로 갔습니다. 하지만 나는 누나와는 달리 적응을 못 해 다시 아버지 집인 지금의 집으로 돌아오게 되었습니다. 늦깎이로 대학에 들어왔습니다. 그런데 지금도 가끔 우울하고 힘듭니다.

이 친구가 보낸 메일을 읽으면서 한동안 가슴이 먹먹했다. 이 학생처럼 불우한 가정으로 인해 우울해하는 학생들이나 비관적인 생각을 지닌 학생들을 더러 만난다. 글쎄. 부부는 이렇게 살아야 하고, 자식들에게 좋은 모습을 보여줘야 한다는 도덕규범을 제시하는 것이 필자의 위치는 아니다. 승려신분으로서 일반인들의 삶을 잘 알지 못하면서 어떤 방향을 제시한다는 것이 솔직히 껄끄럽다. 부부의 인연이 과거 전생에 매우 두터웠을 텐데, 왜 싸워야만 하고 서로 화목하지 못할까? 부모로서 자식에게 화목한 모습을 보여주기 쉽지 않은 것이 현실인가 보다.

하지만 인간은 자신의 감정대로만 살 수는 없다. 또 자신이 하고 싶은 것만 하고, 만나고 싶은 사람만 상대하면서 살 수는 없다. 즉 하고 싶지 않은 일도 짊어져야 하고, 불편한 사람도 감내하면서 만나야 하며, 이성적인 판단으로 사람을 상대해야 할 때가 있는 법이다. 이는 인간으로서 부여받은 삶에 대한 대가이다. 그러니 부부가 되어 자식을 낳았다면, 자식에 대한 책무를 다해야 한다. 밥을 먹이고, 학비를 주는 것만이 아니라 사랑으로 보살피고, 부모로서 행복한 모습을 보여줘야 한다. 가식일지라도 자식 앞에서만큼은···.
실은 내게 메일을 보낸 학생에게 이런 답장을 하였다.

> 가정사로 불행했던 학창시절과 지금의 우울한 삶을 2세에게는 대물림하지 말아야 합니다. 스스로에게 그러겠다는 다짐을 하세요.

필자는 법문을 하면서 불자들에게 간혹 이런 질문을 한다.
"자식들에게 어떤 유산을 물려줄 것입니까?"
석가모니 부처님은 출가 전, 자식이 있었다. 출가 후 7년 만에 부인(야쇼다라)과 아들을 만났다. 부인은 자녀인 라후라에게 이런 말을 한다.
"저분(부처님)이 너의 아버지이다. 저분에게 가서 '제게 재산을 주십시오'라고 하여라."

라후라가 부처님께 인사를 올리며 재산을 달라고 하자, 부처님은 어린 아들을 출가시켜 진리를 가르친다. 불교에서 말하는 재산이란 곧 진리를 의미하며, 수행해서 만유법칙을 깨달아 성자가 되는 것을 인생 최대의 행복이라고 본다.

마침 근자에 이화여대 명예교수인 모 교수님의 신문인터뷰 중에 이런 내용이 있었다. "부모가 자식에게 남겨 줄 수 있는 가장 좋은 유산은 '아! 우리 부모님이 정말 행복하게 살았구나, 즐겁고 성숙하게 인생을 보냈구나' 하는 경험이나 기억이라고 생각한다."

물론 부모가 자식에게 수백, 수천 만 원을 물려준다면 좋겠지만, 이런 재물은 진정한 재산이 못된다. 종종 유산문제로 형제끼리, 부모와 자식끼리 법정다툼까지 가는 일이 비일비재하지 않은가. 아마 진리나 행복, 화목 때문에 법정다툼을 벌일 일은 영원히 없을 것이다.

숨을 깊이 들이마시고 내쉬면서
자신의 삶을 들여다보라.
자신에게 유일한 재산은 무엇이고,
자식에게 남길 참된 유산은 무엇인가를.
스스로 답을 내리기 바란다.

지금 여기가 아니면 어디서 행복을 찾으랴

:

　　　　　　옛날 인도에 불교가 한창 번창하던 때였다. 어떤 사람이 출가해 수백여 스님들과 함께 살았다. 지금도 그렇지만 스님이 처음 출가를 하면, 여러 사람들과 더불어 살면서 승려로서의 규율을 익히고, 진리를 공부해야 한다. 이 스님은 수년간 사람들과 부대끼며 살다 보니, 조용한 곳에서 홀로 수행하고 싶은 마음이 간절했다. 그래서 스님은 스승님께 이렇게 간청하였다.

　　"스승님, 저는 출가해서 몇 년간 사람들과 함께 살았습니다. 이제는 조용한 숲속에 들어가 홀로 수행하고 싶습니다."

스승이 제자에게 그렇게 하라고 하자, 이 스님은 떨 듯이 기뻐하며, 다음 날 보따리를 싸서 숲속으로 들어갔다. 스님은 수년간 사람들과 함께 살아 마음이 번거롭고 공부가 안 되었는데, 조용한 산속에서 살면 수행이 매우 잘될 거라고 생각했다.

그런데 막상 산속에서 홀로 지내니, 여러 가지로 불편했다. 수풀이 우거진 숲속인지라 새들이 얼마나 지저귀는지 잠을 잘 수가 없었다. 게다가 마을과 멀리 떨어져 있어 탁발할 수가 없어 식사가 힘들었다. 밥을 해서 먹으려니 그것도 귀찮은 일이었다. 그래서 이 스님은 '숲속에서 도저히 살 수 없구나!' 하고 탄식하고, 그곳을 떠나 바닷가 부근으로 옮겨갔다.

스님은 바다를 바라보며 마음이 뻥 뚫리는 것 같았다. 좋은 공간을 얻었다고 행복해했다. 그런데 며칠 지나보니 바닷가 부근도 또 문제가 있었다. 파도소리는 말할 것도 없고, 갈매기떼 울음소리가 시끄러워 수행이 되지 않았다. 게다가 바닷가 부근이라 채소가 부족해 음식 구하는 일이 어려웠다. 결국 스님은 바닷가 인근에서 수행할 수 없다고 판단하고, 이사를 가기로 결정했다.

이번에는 마을 사람들이 가까이 사는 곳으로 이사를 했다. 숲속이나 바닷가보다 주변환경이 조용하고, 마을이 가까워 탁발하는 것도 편할 거라고 판단했다. 그런데 마을도 수행하기에 부적합했다. 사람들끼리 싸우는 소리, 아기 우는 소리 등…. 시끄러워서 도저히 견딜 수가 없었다. 게다가 사람들이 종종 찾아오니, 수행에 전념할 수 없었다.

그제야 스님은 지난 1년 동안 여러 곳을 옮겨 다녔던 일들을 떠올리며 '여러 스님들과 사는 것이 불편은 하지만, 함께 모여 진리를 논하고 힘들 때 서로 격려하며 살던 곳이 좋았구나'라고 생각하고, 다시 짐을 싸서 처음 살던 곳으로 이사를 갔다.

앞의 내용은 현재의 나 자신과 처지가 같다. 나에게는 공간적인 이동이 아니라 시간적인 삶의 방식이 관건이다. 지난 봄학기는 일주일 내내 강의가 있어 방학만을 학수고대하며 기다렸다. 바깥출입을 하지 않고 절에서 푹 쉬면 그저 행복할 것 같다고 생각했었다. 그런데 방학한 지 한 달이 다 되어가는데도 행복하기만 한 시간은 또 아니었다. 몸은 쉬지만 해야 할 일이 있다 보니, 학기 중에 분주했던 마음이 그 연장선에 있었다.

공간을 이동한다고 인생이 즐거운 것이 아니고,
시간이 옮겨져야 행복한 것도 아니다.
외부를 탓할 것이 아니라 자신이 문제임을 알아야 한다.
어떤 시간, 어떤 공간이든

자신이 처해 있는 시공간에서 인생을 즐길 줄 알고,
행복을 느끼는 것이 삶의 완성이요, 목적지가 아닐까?

누구나 자신만의
아름다움을 지니고 있다

:

불교공부를 하는 분들과 공부 중간중간에 대화를 나눌 때가 있다. 중년의 엄마들이 한결같이 하는 말이 있다. "자식이 둘이면 둘, 셋이면 셋, 똑같은 배 속에서 나왔는데도 각각 개성이 다를 뿐만 아니라 취미나 성격까지도 달라요."

필자도 간혹 TV 프로그램을 통해 쌍둥이나 삼둥이들이 제각각 취향이 다른 것을 보면서 느끼고 있던 바이다.

이렇게 사람의 성품이 가지각색으로 다양한데, 그렇다면 어떻게 자식을 키우고 어떻게 학생을 지도해야 하는가? 한마디로, 똑같이 대할 수 없다. 필자도 교양과목 수업인 경우는 각 대학의 특성에 맞게 학생들을 평가한다. 이것도 오랜 시간을 통해서 얻은 교훈이다. 실은 이런 교훈을 얻게 된 데는 십여 년 전에 읽은 책 내용도 한몫한다. 일본인 마쓰바라 다이도가 자신이 경험했던 내용을 쓴 책 중 이런 이야기가 있다.

> 대학에 다닐 때 교육학을 배운 적이 있는데, 그 교수님이 어느 날 흑판에다 자기가 신봉하는 기독교의 교육이념이라면서 썼던 글귀가 지금도 가슴에 선명하게 남아 있습니다. '누구나 각자 갖고 있는 아름다움을 본다(隨人觀美)'입니다. 사람이 세상에 태어난 것은 결코 우연에 의한 것이 아니요, 하느님의 뜻이므로, 모름지기 바로 그 사람만이 가지고 있는 아름다움을 볼 수 있어야 한다는 것입니다.

사람마다 그 사람만의 장점이 있고, 그 사람마다 잘할 수 있는 분야가 있다. 그런데 우리는 사람들을 대하면서나, 교육적인 면에서 학생들을 천편일률적으로 평가하는 경우가 있다. 그 사람만이 가지고 있는 아름다움을 보지 못한다는 점이다. 구한말의 승려인 경허 스님鏡虛(1849~1912)이 사람들에게 설법한 말씀 중에 이런 내용이 있다.

> 큰 그릇은 다만 소용이 큰 데 쓰일 뿐이고 작은 그릇은 작은 데 소용이 될 뿐입니다. 크건 작건 그릇들은 각자 그들의 역할이 있습니다. 좋은 목수라면 큰 나무든 작은 나무든 결코 버리지 않습니다. 어떤 나무든지 잘 사용합니다. 좋고 나쁜 것은 없습니다. 좋은 것들은 좋은 대로, 굽은 것은 굽은 그대로 목적에 맞게 잘 사용하면 됩니다.

큰 그릇은 큰 그릇 나름대로 쓰일 데가 있는 것이요, 작은 컵은 컵 나름대로 사용할 데가 있는 것이다. 꽃병은 꽃병 나름대로의 역할로 쓰이는 법인데, 꽃병을 밥그릇으로 사용하면서 밥그릇 역할을 하지 못한다고 꽃병을 탓할 수 없지 않은가? 사람들은 각자 자기 나름대로 존재적 가치가 있으며, 그 물건은 그 물건 나름대로 역할이 있는 것이다. 바로 사람을 대하는 것도 그러하다. 게다가 교육적인 측면에서는 그 학생의 개인적인 특이성을 살려줄 필요가 있다고 본다. 모든 사람이 각자 개성이 강하기 때문에 세상이 굴러가는 것이요, 세상이 만들어진다.

《화엄경》에서 주인공 선재동자가 53명의 선지식(스승)을 찾아 나선다. 그런데 동자가 만난 도인들은 불교수행을 통해서 깨달은 수행자들만이 아니다. 어느 위치에서건 그 방향의 노하우를 가지고 최선을 다해 최고의 권위자가 된 사람들이다.

누군가는 인생을 옳게 살고,
누군가는 그릇되게 살고 있다는
일정한 법칙이란 있을 수 없다.
이 세상의 모든 존재는
제 나름대로 가치를 지니고 있고,
자신만의 아름다운 개성을 갖고 있다.

4부

자신 있게, 세상으로

#성공

#일

#미래

티끌 같은 노력으로
태산 같은 결과를 바라지 말라

:

학기말이 되면 학점을 가지고 학생들과 썩 편치 않은 대화를 하곤 한다. 학점이 상대평가로 주어지다 보니, 자신이 원하는 학점이 나오지 않으면 이의제기를 하는 학생들이 더러 있다. 젊은 사람의 입장에서 부당함에 항의하는 것은 당연하다고 생각하면서도 가끔 난감할 때도 없지 않다. 필자는 먼저 학생을 만나면 "학점은 선생이 주는 것이 아니라 학생이 스스로 노력해서 받는 것(노력한 결과)"이라고 인지를 시킨다.

우리 삶에는 보이지 않는 법칙이 있다. 그 법칙이란 바로 어떤 일이 발생했을 때, 그 사건이 생길 수밖에 없는 원인이 반드시 있다는 것이다. 바로 인과因果라고 하는 불교의 진리이다. 즉 선한 일을 하였으면 선한 과보가 따르고, 악한 일을 하였으면 좋지 않은 결과가 따른다고 하는 선인선과善因善果 악인악과惡因惡果이다. 어떤 일에 그 일이 발생할 수밖에 없는 원인이 있다는 학설은 1961년에 미국에서 발표한 나비효과 이론이 나오면서 불교의 인과설을 과학적으로 뒷받침한 바 있다. 한편 성경에도 "뿌린 대로 거두리라(As you sow, so you shall reap)"라는 말이 있는데, 인과설은 단순히 불교에만 국한되지 않는 보편적인 진리라고 생각한다.

우연히 김규환 님이 쓴 책을 읽게 되었다. 그는 가난한 집안의 아들로 태어나 부모님을 모두 잃고 소년가장이 되었다. 구걸하다시피 살다가 D회사 청소원이나 다름없는 하급직원으로 취직하였다. 사환으로 입사해 매일 아침 5시에 출근하면서 회사를 위해 최선을 다하다 보니 사람들에게 좋은 인상을 심어주었고, 점차 승진하였다. 그는 이렇게 최선의 노력을 거듭한 결과, 정밀기계 분야의 세계 최고 권위자가 되었다. 지금도 그는 몇 개 국어를 구사하며, 1급 자격증 최다 보유자라고 한다.

그가 이렇게 성공하기까지의 가치관은 '부지런하면 굶어 죽지 않고, 준비된 자에게 반드시 기회가 오는 법이며, 최선의 노력을 기울이면 반드시 이루어진다'는 것이다. 노력 없이 이루어지는 일이 이 세상에 어디 있을 것인가? 김규환 님은 최선의 노력을 기울인 만큼 최고의 성공을 이룬 본보기라고 볼 수 있다.

성의껏 노력해야 자신이 원하는 것을 성취할 수 있다. 백 원이 열 개 모여 천 원이 되고, 천 원이 열 개 모여 만 원이 되며, 만 원이 열 개 모여야 십만 원이 되는 법이다. 곧, 작은 노력들이 모이고 모여서 큰 성공의 열매를 맺는 것이다. 티끌 같은 노력을 해놓고, 태산 같은 결과를 바라는 것은 있을 수 없는 일이다. 꿈을 향해 나아가되 한 걸음, 한 걸음이 모여서 열 걸음이 되는 것임을 잊지 말라.

최선의 노력을 했는데도 자신이 원하는 결과가 나오지 않을 수도 있다. 하지만 진인사대천명盡人事待天命이라는 말을 염두에 두라. 자신이 할 수 있는 만큼 노력하고 하늘의 뜻을 기다린다는 뜻인데, 나는 여기서 한 발 더 나아가 이 말을 하고 싶다. 그대가 최선의 노력을 했는데도 결과가 바로 드러나지 않을지라도, 언젠가는 그대가 흘린 땀과 눈물의 열정에 반드시 보상과 대가가 있다는 것을. 인과의 법칙은 절대 그대를 배신하지 않는다는 것을….

성공했을 때는 담담하게
실패하더라도 태연하게

⋮

늦은 오후에 동네 뒷산으로 산행을 나갔다. 1시간 이상 소요되는 야산치고는 꽤 큰 산이다. 산에서 내려오는데, 앞에서 70대 초반의 할아버지와 다섯 살 손자가 손을 잡고 내려가고 있었다. 할아버지가 먼저 손자에게 말했다.

"아까 올라갈 때는 힘들었는데, 지금은 안 힘들지?"

"네."

"힘들 때가 있으면 힘이 안 들 때도 있는 법이란다."

평범한 말이지만, 할아버지의 말 속에는 삶의 진리가 담겨 있었다. 어느 누구나 인생에서 오르막길이 있으면 내리막길이 있는 법이고, 힘들 때가 있으면 수월할 때도 있다. 아마도 할아버지는 손자에게 "네가 앞으로 살아갈 인생도 그렇단다"라고 말해주고 싶었을 테지만, 그 말을 알아듣기에는 너무 어린 아이였다. 이들의 몇 마디 대화를 들으면서 나도 모르게 미소가 번졌다. 이와 유사한 내용이 《열반경》에 있다. '흑암녀 공덕천'이라는 이야기다.

한 장자의 집에 아리따운 아가씨가 찾아와 대문을 두드렸다. 장자가 문을 열자, 그 여인이 말했다.
"나는 공덕천이라고 하는데, 당신 집안에 행운과 재물을 가져다주며 행복한 일만 가져다주는 사람입니다."
장자는 너무 기뻐서 여인에게 "어서 들어오라"고 재촉했다. 그런데 바로 뒤에 검은 옷을 입은 험상궂은 여인이 따라 들어왔다. 장자가 "누구냐?"라고 묻자, 여인이 말했다.
"나는 흑암녀라고 하는데, 저는 당신 집안에 좋지 않은 일이나 불행한 일만 가져다주는 사람입니다."
장자가 그 말을 듣고 그녀를 내쫓으려고 하자, 흑암녀가 말했다.
"나는 공덕천 언니와 늘 붙어 다니는 자매로서 떨어질 수 없는 사이입니다."

장자가 이 말을 듣고, 두 사람 모두 받아들이지 않았다.

이 이야기처럼 행과 불행은 늘 함께하기 마련이다. 좋은 일이 생겼다면 그다음에 불행한 일이 발생할 수 있음이요, 불행한 일이 있었다면 그다음에 상서로운 일이 생길 수 있다. 언제까지 계속되는 불행이란 없다. '인생만사人生萬事 새옹지마塞翁之馬'라고 하였다. 변방에 사는 한 할아버지가 좋은 일이 생겨도, 불행한 일이 생겨도 그 어떤 경계에도 마음 흔들리지 아니하고 담담하게 받아들였다는 고사이다.

사람이 살아가면서 영광과 고달픔은 누구나 겪게 되어 있다. 아무리 부귀한 집안에 태어나거나 인생에 좋은 명예를 얻을지라도 인생의 기복은 누구에게나 있는 법이다. 학생으로 치면 시험을 잘 볼 때도 있고, 못 볼 때도 있다. 사업으로 말한다면 사업이 번창할 때도 있겠지만 잘 풀리지 않을 때도 있는 법이다.

인생에서 계속 힘든 일만 생길 것 같지만, 밝은 날이 반드시 오게 되어 있다. 그 반대로, 상서로운 일이 생겼거나 번창할지라도 우쭐해서는 안 된다. 내리막길이 있음을 염두에 두어야 한다. 그러니 아무리 좋은 일이 있어도 들뜨지 말고, 아무리 어려운 일이 있어도 낙담하지 않고 태연한 자세로 받아들이는 자세가 필요하다.
조선 매월당 김시습의 말을 끝으로 이 글을 마무리 짓고자 한다.

>불길이 무섭게 타올라도 끄는 방법이 있고
>물결이 하늘을 뒤덮어도 막는 방법이 있으니
>화는 위험한 때 있는 것이 아니고,
>편안할 때 있으며
>복은 경사가 있을 때 있는 것이 아니라
>근심할 때 있는 것이다.

달팽이는 느리지만 뒤로 가지 않는다

:

　　몇 년 전에 공영방송에서 김득신金得臣(1604~1684)을 소개한 적이 있다. 2~3분의 짧은 내용이었지만, 마음 한편에 크게 부각되었다.

　　김득신이 10세에 한자를 겨우 익혔고 같은 책은 수만 번 읽었으며 59세에 과거에 합격했다는 내용이었는데, 학생들에게 본보기가 되겠다 싶어서 기억해두었다. 실은 학생들보다 필자에게 필요한 교훈이다. 학생들에게 강의를 하지만, 필자도 공부를 위해 늘 책과 가까이하는 현실이다. 필자는 공부에 타고난 편이 아니다 보니, 공부에 진전이 없고 늘 그 자리를 맴돈다. 이런 때, 한 번쯤 새길 만한 인물이어서 다시 자료를 찾아보았다.

김득신은 할아버지가 진주대첩의 명장 진주목사 김시민이고, 아버지는 경상도 관찰사를 지낸 분이다. 어릴 때 천연두를 앓아 심하게 아둔하였고, 기억력이 나빠 보통 사람 수준보다 아래였다고 기록되어 있다. 그는 아버지의 설득과 독려로 꾸준히 공부해 20세에 처음으로 글을 지었고, 39세에 사마시에 합격해 진사가 되었다. 59세에 과거에 합격해 관직에 잠깐 머물렀다. 이후 사직하고, 고향으로 낙향해 시를 지으며 살았다고 한다.

책을 읽으면, 한 번 읽고 책장에 꽂아두어 어디에 두었는지도 모르는 게 일반적이다. 그런데 김득신은 반복해 읽은 횟수가 천문학적인 숫자였다. 김득신은 자신의 문집 《백곡집》 〈독수기讀數記〉에 자신이 1만 번 이상 읽은 책 목록 36권을 소개했다. 사마천의 《사기열전史記列傳》은 1억 1만 3,000번을 읽었다고 한다(당시 1억 번은 지금으로 치면 10만 번 정도 된다). 그래서 김득신은 책을 억만 번 읽은 것을 기념하기 위해 서재 이름도 억만재億萬齋로 지었다.

《노자전》 등 7편은 2만 번 읽었고, 《제책齊策》 등 5편은 1만 8,000번을 읽었다고 기록하고 있다. 김득신이 만독하지 않은 책은 책제목조차 기재하지 않았다고 보면 된다. 보통 사람보다 아둔한 처지에 조선의 문장가로 알려져 있으니, 노력형 천재라고 할 수 있다. 그의 시를 접한 당대 최고의 한문 대가인 이식은 김득신에게 "당대 최고의 시인"이라는 평을 하기도 하였다.

김득신의 묘지가 충북 증평군에 있는데, 부근에 그를 위한 시비가 제막되어 있고, 동상이 건립되어 있으며, 앞으로 김득신문학관까지 완공될 예정이라고 한다. 그의 이름을 딴 문학관이 꼭 필요하다고 본다.

중국 송나라 때 백운 수단百雲守端(1024~1072) 스님은 "경전과 역사서적을 수백 번도 더 읽었으며 책장이 떨어져 나갈 정도로 낡아버렸다. 그런데도 책을 펼 때마다 반드시 새로운 의미를 터득했다"라고 하였다.

가끔 '전 세기의 천재'니, '20세기의 천재'니 하는 사람들이 가끔 거론된다. 물론 세상은 다양한 인물이 존재하기 때문에 발전되는 것이 사실이지만, 천재를 접하면 그림의 떡이라는 생각과 더불어 자괴감까지 느낀다. 필자야 중년의 나이이지만, 학생들이 자신을 천재와 비교한다면, 어떤 생각을 할까? 그렇지 않아도 학생들이 성적으로 주눅 들어 있는데, 자기비하를 느끼게 되지 않을까 염려된다.

링컨은 "나는 천천히 가는 사람입니다. 그러나 뒤로 가지 않습니다"라고 하였다. 타고난 천재여서 한순간에 이룩하는 사람도 있지만, 피와 땀을 흘리는 과정, 과정에서 얻는 성공도 인생의 큰 보람이라고 생각한다.

매화꽃 향기는 받아들이되 욕은 사양하라

:

빨리어 《법구경》에 이런 이야기가 있다.

아뚤라라고 하는 불교신자가 있었다. 그는 친구들과 함께 불교 진리를 공부하고 싶어 레와따 스님을 찾아가 도움을 청했다. 레와따 스님은 아무 말도 하지 않고 점잖은 사자처럼 침묵만을 지켰다. 아뚤라와 친구들은 스님의 이런 태도에 마음이 상해 다른 스님을 찾아 나섰다. 마침 사리불 존자가 훌륭하다는 소문을 듣고 그들은 사리불을 찾아갔다.

사리불 존자는 신자들을 반갑게 맞이한 뒤, 그들에게 장광설로 진리를 설했다. 그런데 그들은 아직 불교에 대해 잘 알지도 못하는데, 너무 긴 시간 동안 진리를 설하니 지루하기 짝이 없었다. 결국 그들은 사리불에게 바쁘다는 핑계를 대고 그 자리를 벗어났다. 대조적인 두 스님을 겪었던 그들은 겨우 수소문해 아난 존자를 찾아갔다. 이번의 스님이야말로 제대로 진리를 설해줄 거라고 확신했다.

그런데 아난 존자는 그들에게 진리를 간단하게 요약만 해주었다. 말 그대로 대입시험 한 달 전에 학원에서 주는 요약정리와 비슷하게 요점만을 들은 것이다. 이번에도 그들은 매우 실망하였고, 아난에 대해 불평하고 험담을 늘어놓았다.

그들은 몇 스님들을 거치면서 시간만 낭비하고 진리를 배우지 못한 것에 화가 난 상태에서 마지막으로 부처님을 찾아갔다. 그들은 부처님을 만나자마자 말했다.

"부처님, 저희는 가르침을 받고자 왔습니다. 이전에 여러 스님들을 만났지만 그들로부터 제대로 배우지 못했습니다. 레와따 스님은 성의 없이 침묵만 지켰고, 사리불 존자는 지나치게 진리를 많이 설해주어 우리를 지루하게 했으며, 아난 존자는 너무 간략하게 요점만 설해주어 진리를 이해할 수 없었습니다. 저희는 그들의 설법이 모두 마음에 들지 않습니다."

그들의 말을 경청한 뒤, 부처님께서 말씀하셨다.

"그대들은 남을 비방하고 불평하는 일을 습관적으로 하고 있구나. 이 세상의 어떤 사람이든지 남의 비방을 듣지 않은 사람은 하나도 없을 것이다. 설령 한 나라의 황제나 부처일지라도 비방을 듣는 법이다. 반대로 그대들이 사람들로부터 비방을 듣는다면 어떻겠느냐? 설령 그대들이 비판받거나 비방을 듣더라도 그 말을 무시하거라. 다만 그대보다 훌륭한 사람이 하는 비판이라면 참고 삼아 자신을 고칠지니라."

근래 읽은 빨리어 《법구경》의 구절을 요약해보았다. 필자도 강사로서나 법사로서 강단에 서는 일이 많다 보니, 저 내용이 마음에 와 닿았다. 각 학생들의 입맛에 맞는 강의를 한다는 것이 쉽지 않은 일이다. 아마 대인관계에서 살아가는 일도 마찬가지라고 생각한다. 이 경전교훈과 관련해 필자는 두 가지 차원에서 말하고 싶다.

첫째는 우리는 남을 비판하고 불평하는 일이 너무 많다. 혹 어느 누군가와 만나서 대화를 할 때도 그러하다. 그가 말이 많으면 많다고 험담할 테고, 말이 적으면 적다고 비방하며, 소심하게 행동하면 소심하다고 그를 비판할 것이다. 우리는 어떤 상황이든 상대방의 장점을 보기보다는 단점만을 부각시켜 불평불만을 늘어놓는다.

둘째는 그 반대의 경우이다. 살면서 아무리 노력해도 비방이나 비판을 받는 일이 비일비재하다. 상대가 칭찬을 하든 비방을 하든 그것은 오로지 상대방의 몫이다. 그대가 상대방의 욕이나 비방을 받지 않으면 그 욕이나 비방은 상대방의 것이다. 상대가 보석을 선물했는데, 받지 않으면 그 보석은 상대방의 것이 아니겠는가? 상대방의 생각은 상대방의 것이니, 남의 생각에 자신이 끌려 들어갈 필요는 없다. 이것만 명심하면 된다.

　인간의 속성을 이해하고, 마음에 상처받지 말라. 다른 사람의 생각에 집착하지 마라. 남들에게 휘둘리지 않고 묵묵히 걷는 것도 자신만의 인생을 살아가는 길이다. 남들과 똑같은 모습으로 살아갈 필요는 없지 않은가. 시냇물에 놓인 종이배는 순간순간 물살의 흐름에 몸을 맡기고 그저 흘러내려갈 뿐이다. 무심無心하게···.

칭기즈칸은
스스로에 의해 만들어진다

:

　　　　　　술주정뱅이에다 폭력을 일삼는 아버지 밑에
서 자라난 형제가 있었다. 어머니마저 아버지의 폭력을 견디다 못
해 집을 나갔고, 어린 형제는 불우한 환경에서 자랄 수밖에 없었다.
그런데 이들이 훗날 커서 형은 목사가 되었고, 동생은 유명한 깡패
가 되었다. 어느 기자가 이 형제에 관심을 갖고 인터뷰를 하였는데,
형과 동생을 각각 따로 만나 똑같은 질문을 하였다.
　"온전치 못한 아버지 밑에서 성장해서 어떻게 지금의 위치로 살
고 있습니까?"

그런데 동생과 형의 대답은 모두 똑같았다.

"술주정뱅이에 폭력을 일삼는 아버지 밑에서 자랐는데, 어찌 이렇게 살지 않을 수 있겠습니까?"

이 글을 읽는 독자께서는 이 형제와 똑같은 환경에서 자랐다면 현재 어떤 위치에 있을 것인가? 형과 동생의 대답은 같지만, 그 말 속에 담긴 의미와 뉘앙스는 다르다. 즉 목사가 된 형은 유년시절 아버지의 옳지 못한 행위를 보면서 늘 이런 생각을 하며 자랐다.

'나는 아버지처럼 살아서는 안 된다. 삶의 올바른 길을 가야 한다. 훗날 내 아이들만큼은 나처럼 살게 해서는 안 된다.'

반면 동생은 그런 폭력적인 아버지에게서 자라면서 늘 원망을 일삼았고 자신도 모르게 삐뚤어진 길을 선택해 아버지와 똑같은 삶을 살고 있던 것이다.

대다수 사람들은 이 형제처럼 성장한다면 동생과 같은 삶으로 살아갈 확률이 크다. 보고 자란 '아버지'라는 롤모델이 부정적이었기 때문이다. 깡패가 된 동생을 보고 독자들은 동정표를 던질 것이다. 그런데 깡패가 된 사람을 무조건 동정해야 할 것인가?

사람은 어느 누구나 환경을 극복할 수 있는 마음 요소를 갖추고 있다. 현재 처한 환경을 극복해 얼마든지 올바른 길로 갈 수 있건만 무조건 주위 사람과 환경으로 탓을 돌리기 때문에 발전이 없는 것이다.

오래전 택시기사 한 분이 승객의 돈을 빼앗고 폭행한 사건이 있었다. 경찰에 체포되어 기자가 왜 그런 일을 했느냐고 질문하자, 그는 "현재 택시기사 월급으로는 살기가 어려워 어쩔 수 없었다"라고 대답하였다.

나는 이 뉴스를 보면서 고개를 저었다. 이와 반대되는 택시기사도 있기 때문이다. 어떤 기사는 택시 내부를 화려하게 꾸며 승객이 택시를 타고 있는 순간만큼은 황제처럼 모시겠다는 포부로 차내부를 인조꽃으로 꾸미고 다닌다.

조선 초의 세종대왕은 한국사에서 최고의 왕으로 꼽힌다. 그런데 세종대왕은 어려서 연약한 데다 학문에만 열정을 쏟아 육신 전체가 종합병동이었다. 당뇨·피부염·눈병·풍질 등 국정을 정상적으로 행하기 어려울 만큼 평생 병고에 시달렸다. 또한 어릴 적은 주목받지 못한 왕자였고, 왕위에 올라서도 받쳐주는 세력이 없었으며, 한동안 부왕 태종의 그늘에 있었다.

어느 나라나 왕은 권력을 휘두를 수 있는 위치에 있다. 왕이라는 권력을 남용해 역사에 오명을 남긴 왕도 부지기수다. 세종대왕은 병고를 잘 극복하고 성군으로 남았다는 사실 하나만으로도 칭송받아야 한다.

불교에서는 업(業, karma)이라는 사상이 있다. 자신이 말하고 생각하고 행동하는 모든 것을 업이라고 칭한다. 좋은 쪽으로 업을 짓느냐, 나쁜 쪽으로 업을 짓느냐는 자신에게 달려 있다. 무조건 환경만을 탓하고 주위 사람 때문에 자신이 악한 사람이 되었다는 것은 있을 수 없다. 택시기사라는 똑같이 주어진 직업에서 어떻게 삶을 꾸렸느냐는 환경이 아닌 그 사람의 마음가짐에 달려 있는 것이다. 한 사람의 모든 것은 자신이 만든 업에 의한 결과로, 자신이 책임져야 할 것이요, 잘못되더라도 자신에게 비난의 화살을 돌려야 한다. 몽골의 영웅 칭기즈칸은 누가 만들어준 것이 아니다. 자신 스스로에 의해 만들어진 영웅이다.

어리석은 사람이 산을 옮긴다

:

"어리석은 사람이 산을 옮긴다"라는 말이 있다. 나는 이 말을 새겨두고 인생을 계획해야 할 만큼 젊은 세대는 아니다. 인생으로나 수행 면으로 회향할 나이로 접어들었다. 젊은 학생들이나 후배들을 만나면 우직함으로 살아야 한다는 말을 해주는데, 평소에 이 말을 염두에 두고 있다.

그러나 이 말은 나이와 상관없다고 본다. 아무리 나이가 들어도 자신만의 인생길, 자신이 성취할 수 있는 길을 찾는 삶이 인생의 행복이라고 생각한다. 그 길을 찾는 데 있어 요리조리 자신에게 이익 됨을 저울 재듯 재서는 안 된다. 소가 묵묵히 한 길을 향해 걷는 것처럼 조금은 바보 같은 우직함이 있어야 뜻을 이룩할 수 있다는 뜻이다.

석가모니 부처님의 훌륭한 제자 열 명 가운데 아나율이라는 스님이 있다. 이 스님은 석가모니 부처님과는 사촌형제지간이다. 아나율은 처음부터 출가하고 싶어서 출가한 것이 아니라, 당시 사회 분위기상 어쩔 수 없이 출가한 사람이다. 내키지 않은 출가를 했던 만큼 아나율은 수행에 쉽게 적응하지 못했다. 그러던 어느 날 부처님께서 진리를 설하는데, 아나율은 부처님 앞에서 꾸벅꾸벅 졸고 있었다. 그것을 본 부처님께서 아나율에게 "너는 도대체 무엇 때문에 출가했느냐? 수행자가 그렇게 열심히 수행하지 않으면 출가의 무슨 의미가 있겠느냐?"라며 호되게 꾸짖었다.

순간 아나율은 부끄러움을 느끼고 졸지 않고 정진하겠다고 맹세한 뒤, 잠을 자지 않고 수행했다. 결국 아나율은 실명할 위기에 처했다. 부처님께서는 당시 유명한 의사에게 아나율을 치료해달라고 부탁했으나 의사는 '아나율이 조금이라도 잠을 잔다면 치료할 수 있으나 잠을 자지 않으므로 치료할 수 없다'라고 하였다. 이 말을 들은 부처님은 아나율을 불러 타일렀다.

"아나율아, 잠을 자지 않고 수행하는 것은 매우 좋은 일이다. 그러나 몸을 해치면서까지 수행하는 것은 올바른 방법이 아니다."

"부처님, 저는 열심히 정진한 김에 조금만 더 박차를 가할 것입니다."

아나율은 계속 정진함으로써 결국 실명하였다. 그런데 아나율은 보통 사람들이 가진 눈은 잃었지만, 세상에서 벌어지는 모든 일들을 꿰뚫어볼 수 있는 천안天眼이라는 신통력을 얻었다. 아나율처럼 실명할 정도로 지나치게 수행하는 것은 어리석은 행위처럼 보일지도 모르지만 아나율과 같이 우직한 노력을 기울이지 않으면 어떤 경지에 도달할 수 없다고 생각한다.

삶에서도 마찬가지라고 본다. 어떤 일을 하고자 할 때 온 힘을 기울여 한 방향으로 노력하지 않으면 어느 분야에서도 일인자가 될 수 없을 뿐만 아니라 성공할 수 없다. 누군가 이것이 좋다고 하면, 바로 바꾸어 이것을 하다가 또 누군가 저것이 좋다고 하면 또 하던 일을 바꿔 저것을 하는 등 자기 줏대가 없이 행동하는 것은 어리석은 일이다. 곧 올곧은 줏대가 없다면 영원히 패배자로 살아갈 것이다.

현대인들은 자신에게 돌아오는 이익이 얼마냐에 따라 쉽게 마음을 기울인다. 내가 하고 싶은 일을 하는 것이 아닌 연봉에 따라 직업을 구하는 경우도 없지 않다고 본다. 특히 젊은이들은 화려한 스펙을 준비하는 것만이 취업에 성공하는 지름길이라고 하는데, 나는 그렇게 생각하지 않는다.

인생에서 자신이 원하는 일이 무엇인가를 진지하게 살펴본 뒤 삶을 추구해 나가는 일이 중요하다고 본다. 먼 안목으로 보았을 때, 이익이나 명예만을 추구하며 인생을 설계한다면 결코 행복한 인생이 되지 못할 것이다. 코끼리가 묵묵히 한 방향으로 길을 걷는 것처럼 추구하는 인생, 춥고 배고픈 일이 있을지언정 자신의 개성대로 살아가는 인생이 최선이라고 생각한다. 스티브 잡스의 명언을 소개하며 이 글을 마치고자 한다.

Stay hungry, stay foolish.
끊임없이 갈구하고, 우직하게 나아가라.

자신만의 길을 향해 묵묵히 걸어라

:

　　　　　　　　나는 운동을 매우 싫어하는 데다 스포츠에 전혀 관심이 없다. 이런 나도 올림픽경기는 즐겨본다. 경기규칙을 알아서 본다기보다는 순전히 애국심의 발로이다. 누가 메달을 따고, 어느 선수가 결승까지 올라갈 수 있는지 관심을 가지고 TV를 시청한다. 한번은 한국 남녀 유도선수들의 경기를 시청했다.

　단 5분의 경기를 위해 운동선수들이 4년간 피땀을 흘렸을 것을 생각하니 괜히 마음이 짠하다. 어느 경기를 보아도 선수들이 몇 년 공들인 흔적이 그대로 묻어 있다. 몇 년간 훈련을 하며 자신과의 싸움에서 승리하고자 얼마나 힘들었을 것인가. 어느 누구도 대신 해주지 못할 목표를 향한 집념, 노력한 만큼 대가를 받지 못할 것에 대한 두려움까지, 그들이 감내해야 할 고독이 내게도 스며든다. 선수들을 보면서 진리를 구하고자 인도India로 향했던 신라의 혜초, 중국의 현장 법사, 법현 등 구법승들을 떠올렸다.

중국은 인도불교와는 다른 독특한 북방의 대승불교를 탄생시켰다. 불교를 발전시킨 데는 목숨을 건 구법승들이 있었기 때문에 가능했다. 399년 인도로 떠났던 중국 최초의 구법승은 법현 스님이라고 하지만, 이 승려가 최초가 아니다. 법현 이전, 수많은 승려들이 진리를 구하기 위해 고국을 떠나 인도로 향해 가는 도중 죽음을 맞이했고, 인도에서 입적한 승려도 있다. 《법현전》에는 구법에 대한 당시 승려들의 의지를 이렇게 표현하였다.

> 사막에는 많은 악귀와 매섭고 더운 바람이 있으며,
> 이들을 만나면 아무도 무사할 수 없다.
> 하늘에는 날아가는 새 한 마리 없고
> 땅 위에는 달리는 짐승 한 마리 없다.
> 볼 수 있는 데까지 두루 살피며 길을 찾아보아도
> 갈 곳을 찾을 수가 없다.

단지 죽은 사람의 뼈만이 길잡이가 될 뿐이다.

구법승들이 인도를 향해 걸었던 이정표가 죽은 사람의 뼈와 해골이었다는 사실을 믿겠는가. 현장 법사도 법을 구하기 위해 인도로 가는 길녘 사막에서 물 한 모금 먹지 못해 탈진상태가 되기도 하였고, 수차례 죽을 만큼의 고통을 맞이하기도 했다. 그러면서도 '인도에 도착하지 못하면, 설령 죽는 한이 있더라도 중국으로 돌아가지 않으리라!'라는 원력을 세웠다. 이런 구법승들이 있었기에 중국과 한국의 불교학은 2,000년 동안 발전할 수 있었다.

몇 년 전 필자는 혼자 구법승들의 길을 따라 중국 북쪽(둔황 부근)에 위치한 실크로드를 탐방한 적이 있었다. 허허로운 긴 들판에 너울대는 빈 허공, 그곳 끝자락 고독의 바다에서 한참이나 허우적댔던 날들이 있었다. 가도 가도 끝없는 모래사막, 황량한 들판인 황무지, 돌산으로 가득한 끝이 보이지 않는 길을 따라 가며 인간이 이겨내야 하는 고독이 얼마나 처절한지를 가슴에 새겼다. 바로 그 길이 죽음과 맞서 싸웠던 구법승들이 거쳐 갔던 길이기 때문이다.

자신의 생명까지 아끼지 아니하고 진리를 향해 떠났던 고독한 구법승들, 그 몇 분간의 경기를 위해 고독과 싸우며 몇 년간을 훈련했던 운동선수들. 고금을 떠나 자신만의 길을 향해 홀로 묵묵히 걷는 이들의 진지함에 고개가 절로 숙여진다. 단순히 메달을 땄느냐, 따지 못했느냐를 가지고 어찌 운동선수들의 기량을 평가할 수 있겠는가! 메달색깔에 무슨 의미가 있을 것인가! 그들이 수년 동안 흘렸을 땀과 노력, 감내했던 인내의 깊이, 집념과 고독에 아낌없는 박수를 보낸다. 그들의 존재감만으로도 행복을 선물 받은 느낌이다.

그대, 얼마나 절박한가?

:

어둑어둑한 저녁 무렵, 사냥꾼이 숲속을 지나다 몸집이 큰 호랑이를 만났다. 섣불리 조준해서 호랑이를 명중시키지 못하면 본인이 호랑이에게 잡아먹힐 상황이었다. 사냥꾼은 한 치의 흐트러짐도 없이 정신을 집중시켜 호랑이에게 활을 조준한 뒤 활시위를 힘껏 당겼다. 절대절명의 순간이요, 생사가 걸린 문제이므로 사냥꾼에게는 매우 깊이 집중된 순간이었다고 해도 과언이 아니다.

사냥꾼이 쏜 화살은 호랑이 머리에 정확히 명중하였다. 잠시 후

사냥꾼은 정신을 차리고, 조심스럽게 호랑이에게 가까이 다가가 보니, 그 호랑이는 실제 호랑이가 아니라 호랑이와 비슷한 형상의 큰 바위였다.

사냥꾼은 자신이 한 일이 도저히 믿기지 않아 방금 전에 화살을 쏘던 자리에서 바위를 향해 다시 한 번 화살을 당겼다. 그런데 이상하게도 화살이 바위 위에서 튕겨질 뿐 이전처럼 박히지 않았다. 몇 번이고 다시 시도해보았지만 두 번째 화살은 박히지 않았다. 게다가 사냥꾼은 처음 화살을 당길 때처럼 집중되지 않았다.

이 글을 읽는 독자는 어떻게 생각하는가? 사냥꾼이 처음에는 바위에 화살을 꽂았는데, 두 번째 시도에는 바위에 화살이 꽂히지 않는 것이 이상하지 않은가?

사냥꾼이 처음 호랑이라고 생각하고 화살을 당길 때는 자신이 호랑이를 쏘지 못하면 죽는다는 두려움에 절박했기 때문에 바위에 화살이 꽂힌 것이다. 간절함은 집중력이 생기도록 했으며, 이 집중력은 초인적인 힘을 발휘하도록 만들었던 것이다.

이런 것을 두고 마음의 강인한 힘이라고 한다. 일반적으로 여자로서는 연약한 사람이지만, 자식이 위급한 상황에 처했을 때 엄마로서의 강인함이 발휘되는 것도 바로 이와 같은 이치라고 본다.

사냥꾼이 집중력을 다해서 화살을 쏜 데에 유래해서 사찰의 참선하는 스님들의 방이름(편액)을 염궁문念弓門이라고 하는 곳도 있다. 염궁문이란 '생각의 화살을 쏘는 곳'이라는 뜻인데, 사냥꾼이 온 힘을 기울여 집중하는 것처럼 스님들께서 참선할 때, 그런 마음자세로 수행하라는 것이다. 즉 번뇌를 한 대의 화살에 날려버리겠다는 집중력으로 참선하면 반드시 좋은 결과를 얻게 된다는 교훈이 담겨 있다.

수행하는 스님들만이 교훈 삼을 내용이 아니라고 본다. 일반적으로 사람들의 삶도 그러리라고 생각한다. 자신이 하고 싶은 일이 있거나 꼭 이뤄야 할 일이 있다면, 반드시 할 수 있다는 자신에 대한 믿음도 중요하지만 지극한 일념—念, 간절함이 무엇보다 필요하다고 본다.

남들과 똑같이 노력하면, 자신이 원하는 목표를 이룰 수 없다. 더 노력해야 한다. 혹 남들보다 자신의 능력이 부족하다고 생각하면 더더욱 열심히 몰두해야 자신이 바라는 것을 성취할 수 있다. 앞의 내용에서 본 대로 사냥꾼이 화살을 바위에 꽂듯이 수행하는 스님들도 일념이 중요함이요, 일반인들의 삶에서도 절박한 마음가짐이 있어야 자신이 원하는 목표지점에 도달할 수 있음을 잊지 말라.

지금의 고난을
부정하지 말라

:

얼마 전 주장자(사찰에서 승려들이 법문할 때 사용하는 막대기)가 하나 생겼다. 그 주장자는 지리산에만 자란다는 나무로, 도반스님의 정성 어린 손길에 의해 사포로 밀고 니스까지 칠해져 있다. 차방, 내가 앉는 자리 주변 언저리에 세워놓고 자주 바라본다. 물론 주장자를 가지고 있을 만큼 필자가 법력이 높은 것도 아니고 수행력이 뛰어난 것도 아니다. 대중처소에서 대중들과 함께 살지 못한다는 적막함과 게으름을 만회하고자 한 것이 주장자를 소유하게 된 이유다.

매끈하고 잘 빠진 그 주장자에 세월의 연륜이 박힌 보기 싫은 굴곡이 군데군데 나 있다. 그런데 이 주장자를 만질 때마다 매끈한 부분보다 보기 흉하고, 굴곡진 부위에 더 애착이 간다. 게다가 굴곡진 부위가 아름다워 보이기까지 한다. 주장자로 탄생되기 전까지 이 나무가 얼마나 많은 추위와 비바람을 견뎌야 했을까? 고난의 세월이 빚어낸 영광의 상처이다.

삶의 여정에서 사람들은 사랑하고 미워하는 가운데 정들며 살아간다. 아마도 사람과 사람 사이에 사랑보다는 정情이 더 끈끈한 관계로 형성되는 것이 아닐까 싶다. 그런데 미운 정, 고운 정이 함께 깃들고, 밉고 고운 정이 함께 있어야 인간관계가 지속된다. 세월이 지나 먼 훗날에 사람인연이 아름다운 추억으로 열매 맺는 때는 고운 정보다 미운 정이 더 똬리를 틀고 영역을 지킬 거라고 생각한다.

사람의 인생사에도 역경계와 순경계가 함께 얽혀 굴러간다. 즐거움이 있으면 고통이 있고, 오르막길이 있으면 내리막길이 있는 것이 인생이다. 어느 누구든 간에 고난과 내리막길보다는 행복과 오르막길을 선호한다. 그런데 그것이 어찌 내 마음대로 되겠는가? 하지만 삶의 기복에서 고락을 겪은 뒤, 많은 시간이 흘러 자신을 되돌아보면 사람을 성장시키는 것은 행복했던 순간보다 고난과 역경이다. 그래서 영국속담에 "잔잔한 바다에서는 훌륭한 뱃사

공이 만들어지지 않는다"라고 하였다. 대학을 정년퇴임 한 모 교수님께서 쓰신《금강경》해설서를 몇 년 전 읽은 적이 있다. 중간에 이런 대목이 나온다.

> 내가 모 대학에서 학장소임을 2년간 맡았다. 학장임기가 끝나고 외로움과 서운함 때문에 힘들었다. 이전에 어떤 문제가 생기면 상의를 하고 찾아오던 동료교수나 학생들이 나를 멀리하는 것이었다. 서운함 때문에 화가 나 있던 차에 태안사 청화 스님을 찾아뵙고 나서, 탐·진·치 3독인 '학장병'이라는 아만심이 자신에게 있었다는 것을 알았다. 부처님께 참회기도를 하고 나서 내가 얻은 깨달음은 '사람이 올라가기도 어렵지만 내려오기는 더욱 어렵구나!'라는 것이다. 몇 년 뒤 두 번째 학장에 선출되었을 때는 인사말로 '이 학장자리는 공적인 자리라고 생각합니다. 이 학장자리가 개인의 영광이나 명예의 자리라는 마음이 앞설까 나 자신이 염려됩니다'라고 하였다.

어느 철학자가 사람은 철들수록 외로워지고 외로워질수록 현명해진다고 했다. 아마도 이 세상에 외로움을 느끼고, 고난을 극복한 그 자리에는 삶의 진솔함이 남아 있을 것이다. 그리고 사람 간에는 마음을 극복한 아름다운 정이 있을 것이다.

삶은 오르막길이 있으면 내리막길이 있는 법이다.
내리막길에서 그 고난을 부정한다면,
결국 힘든 사람은 자기 자신이다.
고난과 내리막길을 거부하지 말고 받아들여라.
이것도 인생의 한 일부분이다.
이 고난을 극복했을 때, 삶에 의미가 있는 것이다.

1·2층을 지어야
3층을 지을 수 있다

:

옛날 인도에 매우 어리석은 부자가 있었다. 어느 날 그는 이웃 부잣집에 다니러 갔다가 멋진 3층집을 방문하였다. 어리석은 부자는 집으로 돌아와 이런 생각을 하였다. '내 재산이 저 사람보다 더 많다. 생전에 나도 저렇게 멋진 3층집을 하나 지어야겠다.'

다음날 그는 동네의 목수를 불렀다.

"저 누각처럼 거대하고 웅장한 누각을 지을 수 있겠소?"

"저 집은 내가 지은 것입니다."

"그렇다면 내게도 저런 누각을 하나 지어 주시오."

목수는 다음날부터 지하를 파고, 땅을 고르게 한 뒤에 벽돌을 쌓기 시작했다. 부자는 목수의 벽돌 쌓는 것을 보고, 말했다.

"목수님, 대체 지금 어떤 집을 짓고 있는 겁니까?"

"3층 누각을 짓는 중입니다."

"그런데 나는 아래 1·2층은 필요가 없으니 3층만 지어주시오."

"아! 장자님, 1·2층을 지어야 3층 건물을 지을 수 있습니다. 또 1층을 짓기 전에 지하에 땅을 파야 하고, 땅을 고르게 한 뒤에 3층을 지을 수 있습니다. 1·2층도 없이 어떻게 3층을 지을 수 있겠습니까?"

이렇게 말했는데도 어리석은 부자는 막무가내로 3층만 지어달라고 떼를 썼다. 목수는 더 이상 할 말을 잃고, 어리석은 사람과 대화해봐야 이득 될 것이 없다고 생각되었는지, 그 자리에서 일어나 떠나버렸다.

이 이야기는 불교경전《백유경》에 실려 있는 내용이다.《백유경》은 이솝우화처럼 사람들에게 삶의 지혜를 일깨워주는 이야기로 묶여 있다. 앞의 비유는 누구나 공감할 수 있는 이야기라고 본다. 먼저 수행하는 사람의 경우를 보자. 수행해서 높은 도를 얻고자 한다면, 기본적으로 배워야 하는 것들이 있다. 기본을 익히지 않고, 무조건 높은 도를 성취할 수 없다는 것이다.

　세상의 모든 일이 이러하다. 종종 사람들과 대화를 해보면, 원인과 과정은 중요시하지 않고 오로지 결과만을 바라는 경우가 있다. 예를 들어 어떤 직업을 갖고 싶다면, 그 직업에서 필요로 하는 전반적인 요소들을 배우고 기초를 쌓아올린 뒤에 전문적인 지식을 갖춰야 자신이 원하는 직업을 얻을 수 있다. 좋은 결과를 원한다면, 원인과 과정을 튼튼히 거쳐야 자신이 목표한 바를 성취할 수 있다. 대학생들에게 수업 중에 간혹 이런 말을 한다.

　"인생에서 20대에 해야 할 일이 있습니다. 학문적으로나 취미, 직업과 관련해서도 20대에 기초공사가 제대로 되어 있어야 여러분의 미래인생이 제대로 펼쳐질 것입니다."

　전반적인 삶에 있어서도 마찬가지이다. 진지하게 한 푼, 한 푼 벌어서 원하는 집을 구매하는 것과 갑자기 횡재한 복권이나 유산으로 집을 구매한 것과는 엄연히 다르다. 피땀 흘려 번 돈으로 자신의 원하는 삶을 향해 나아가는 기초, 원인을 중요시해야 한다.

　삶에 있어 행복해질 수 있는 씨앗은 누구나 갖고 있다. '어떻게 해야 행복할 수 있는가?'라는 방법과 원인을 본인 스스로 찾아나가야 한다. '행복'이라는 종자의 씨앗을 뿌린 뒤에 물이나 비료를 주는 노력이라는 기초공사를 통해 행복의 열매가 주렁주렁 열릴 것이다.

공덕은 하늘에서 떨어지는 눈비와 같은 것이 아니라
노력한 만큼의 대가로 결과가 생기는 법이다.
어떤 일이든, 무엇을 하든 결과만을 바라지 말라.
원인과 과정이라는 기초공사가 든든해야
목표로 하는 결과를 성취할 수 있다는 점을 명심하자.

인생에는 '때'가 있는 법

:

아주 오랜 옛날, 인도에서는 손님이 오면 젖소에서 우유를 바로 짜서 대접해주는 풍습이 있었다. 어떤 어리석은 사람이 있었는데, 그는 대가족을 거느린 가장이었다. 어느 날, 이 집에 손님이 방문한다는 전갈이 왔다. 마침 이 가장은 어떻게 하면, 손님에게 좋은 음식과 우유를 대접할까 고민하다가 기묘한 아이디어를 떠올렸다.

'우리 집 식구들이 젖소로부터 매일 우유를 짜서 먹고 있다. 그 손님이 올 날짜가 며칠 남았는데, 미리 우유를 짜두면 우유가 상할 것이다. 우리 식구들도 우유를 며칠간 짜먹지 않고, 젖소의 배 속에 그대로 두면 그 손님이 왔을 때 더 맛있는 우유를 짤 수 있을 거다.'

이렇게 생각하고 암소와 송아지를 떼어서 다른 곳에 묶어두었다. 이윽고 며칠 후에 손님이 찾아왔다. 주인은 젖소를 끌고 와 우유를 짜려고 시도했는데도 어찌된 일인지 젖소의 젖이 말라버려 우유가 전혀 나오지 않았다. 결국 주인은 손님에게 대접도 제대로 못하고, 망신만 당하는 꼴이 되었다.

《백유경》에 나오는 이야기다. 이 이야기는 종교인의 베풂을 염두에 둔 이야기다. 근자에는 종교와 무관하게 연말이나 연초 혹은 사후에 빈자에게 베푸는 기부(불교용어로 보시布施) 문화가 보편화되었다. 미국의 부자들은 1년 동안 누가 더 많이 기부했는지를 기사화하고 자랑할 정도다. 앞의 이야기에 빗대어 말한다면, '나는 지금은 어려우니, 돈을 많이 벌면 나중에 베풀어야지'라고 생각하지 말고, 조금이라도 그때그때 베풀고 살라는 의미이다.

그런데 필자는 앞의 이야기를 읽으면서 다른 측면으로 사유해본다. 사람에게는 '때'가 있는 법이고, 그 때를 잘 활용해 지혜로운 삶을 전개하라는 뜻으로 확장해본다. 이런 말이 있다.

순례를 떠나려면, 바로 지금 떠나라. 아이가 태어난 뒤에 떠나려면 못 떠난다. 아이를 위해 해야 할 일이 너무 많다. 또 아이가 조금 성장하면 떠나야지 하지만, 그때는 또 그때 나름대로 일이 생겨 못 떠난다. 아이의 결혼식을 치러주고 홀가분할 때 떠나려면 그때도 떠나지 못한다. 손자를 돌봐야 하는 일이 생길지도 모르기 때문이다.

곧 여행이든 순례이든 떠나려는 마음이 있을 때, 떠나야 하는 법이다. 종종 사찰에서 설법을 할 때도 이런 말을 하곤 한다. 조금이라도 젊었을 때, 인연이 닿으면 많은 여행을 하라고…. 여행처럼, 인생 전반에 이런 이치가 깔려 있다.

행복이라는 것도
'지금 행복해야지'라고 스스로에게 각인하고
자신에게 메시지를 주는 그 순간이 바로 행복한 순간이다.
바로 과정, 과정과 목표가 하나가 된 행복이
진정한 행복이라는 뜻이다.
오늘은 고생하고 내일 행복해야지 하면,
그 행복은 기다려주지 않는다.

바로 지금의 삶 속에서 행복을 자각하는
그 순간이 행복이다.
오늘 짠 젖소에게서 내일 또 우유를 짤 수 있듯이
오늘의 행복으로 만족한다면,
내일은 내일 나름대로
또 다른 행복이 기다리고 있다.
그러니 곧 현재의 삶을 만끽하라.
그리고 떠나보라.

그대 인생에
3일이 남았다면

:

앞서 소개한, 스티브 잡스가 살아생전 스탠포드대학교 졸업식에서 한 연설문 내용이다.

30여 년이 넘도록 아침에 거울을 보면서 자신에게 물었습니다. '오늘이 내 인생 마지막 날이라면 지금 하려고 하는 일을 할 것인가?' 며칠 동안 계속 NO라는 대답이 나오면, 나는 무언가 변화가 필요하다는 걸 깨닫곤 했습니다. 나는 인생에서 어려운 결단을 해야 할 때마다 이런 생각을 하였습니다. '곧 죽는다'는 생각을 결정하는 데 도구 방편으로 삼았습니다. 타인의 기대, 자부심, 좌절, 실패에 대한 두려움은 '죽음' 앞에서 덧없이 사라지고 오직 진실로 중요한 것들만 남기 때문입니다. 죽음을 생각하는 것은 무엇을 잃을지도 모른다는 두려움에서 벗어나는 최고의 길이었습니다….

 죽음이 인간에게 최대의 위기요, 사람이 살고자 하는 삶의 고픔이 그만큼 강하다는 뜻을 읽을 수 있다. 이런 절박함을 매개체로 삼고, 기회방편으로 삼았다는 것에 고개가 끄덕여진다.
 죽음은 인간이 가장 선해질 수 있는 순간이요, 서로에게 각인된 애틋함의 시간이다. 필자는 죽음에 근접해보지 않았지만, 종교인이다 보니 죽음이란 주제와 자주 만난다. 10여 년 전에 사회복지센터에서 몇 년간 불교를 강의한 적이 있었다. 이후 외국에서 몇 년 지내고 한국에 돌아왔는데, 문자가 왔다. 강의를 수강했던 지인이 암선고를 받았는데 '스님을 꼭 뵙고 싶어 한다'는 내용이었다.
 며칠 후 환자와 음식점에서 만나 식사를 하고, 장소를 옮겨 커피를 마시며 1시간가량 대화를 나누었다. 마치 내일 또 만날 것처럼, 서로가 아무렇지도 않은 척 대화를 나누었고 헤어질 때도 "또 만나요. 어디서 보면 좋을까요?"라고 말하고 헤어졌다. 그때 나는 알았다. 저분과의 만남이 이번 생에 마지막이라는 것을…. 그런데도 그분에게 "잘 가세요. 이번 생에 좋은 인연이었습니다"라는 말을 하지 않았다. 이후 보름쯤 지나 지인으로부터 그분이 세상을 하직했다는 문자를 받았다.

그분과 나누었던 대화들이 수년이 지났는데도 새록새록 어제 일처럼 기억된다. 커피숍에서 흘러나왔던 시끄러웠던 음악소리까지 기억할 정도다.

인간은 죽음을 피하려고 치졸한 모습을 보이면서까지 발버둥치지만 어찌 피할 수 있으랴? 불로초를 구하며 영원을 추구했던 진시황제도 50세도 넘기지 못하고 49세에 죽었다. 또 세계재패를 꿈꾸었던 알렉산더대왕도 33세에 죽었다. 왕후장상이 되어 얼마나 큰 권력을 휘둘렀든 죽음 앞에서는 속수무책이었다. 그래서 인간은 죽음 앞에서는 공평한 셈이다. 어쩌면 죽음의 두려움 때문에 종교가 존재하는지도 모르겠다.

죽음.
산 자나 죽어가는 자 모두에게
가장 나약해지는 순간인 것만은 분명하다.

스티브 잡스가 죽음을 방편으로 인생을 끌어갔듯
가끔은 '죽음'이라는 매개체를 통해
진지한 삶을 사유해보자.
이럴 때 가장 인간다운 모습이 나오지 않을까?

명예와 돈이 있다고
귀한 사람이 아니다

:

주말에 TV연속극을 보니, 이런 상황이 나왔다. 연속극의 주요 인물들은 한 집에 3대가 사는 대가족이다. 할머니, 어머니, 갓 시집온 새댁이 등장한다. 대가족인지라 가사도우미가 일주일에 며칠 와서 일을 해주는 모양이다. 그런데 새댁은 이전 친정에서 하던 대로 가사도우미를 함부로 대하였다. 어느 날 어머니가 없는 사이, 문제가 터졌다. 가사도우미가 새댁에게 '집이 넓으니 아래층만 청소기를 밀어달라'라고 부탁하자, 새댁은 거절하며 당연히 도우미가 해야 한다고 하였다. 두 사람은 서로가 서로를 깔본다며 말다툼을 벌였고 결국 가사도우미는 허리통증을 호소하며, 일을 그만두겠다며 나가버렸다. 할머니는 새댁(손주며느리)에게 따끔하게 야단을 쳤다. "사람은 모두 똑같은 존재니 업신여겨도 되는 사람은 이 세상에 하나도 없다. '저 사람은 돈 주고 부리는 사람'이란 생각은 상스러운 생각이다. 그러니 입장 바꿔서 생각할 줄 알아야 한다"는 취지의 말로 말이다.

연속극에서 근자의 세태를 제대로 꼬집어 풍자한 듯하다. 마침 연속극에서 저런 대사가 나올 무렵, 씁쓸한 뉴스가 방송을 탔다. 서울 강남의 한 고급아파트 지하주차장에서 생긴 일이다. 아파트 입주자대표 회장이 관리소장에게 삿대질을 하며 이런 인격모독을 하였다.

"종놈이 월급 받으니 시키는 대로 해야 할 것 아니냐? …… 나는 주인이다."

지금이 어느 시대인데, '종과 주인'이란 말이 나도는지 안타까운 현실이다. 신분이나 경제력이 자신보다 아래라고 함부로 대하는 경향이 팽배하다. 몇 년 전부터 불거진 갑을 문제가 사그라들지 않는다. 글 앞머리에서 언급한 가사도우미를 보자.

그녀는 친정부모에게는 세상에 둘도 없는 딸이요, 남편에게는 귀한 배우자이고, 자식들에게는 소중한 엄마이다. 아파트 관리소

장도 마찬가지이다. 그는 어느 부모의 소중한 아들이요, 어느 여인의 하나뿐인 남편이며, 자식에게는 귀한 아버지다. 각각의 개인은 자신의 위치에서 소중한 존재요, 고귀한 인연으로 얽혀 있는 사람들이다.

인도는 고대로부터 현재에 이르기까지 신분제도가 엄격하다. 부처님께서는 당시 사람들에게 이런 말씀을 하셨다.

> 사람은 출신성분으로 천한 사람이 되는 것이 아니다. 또한 태생에 의해 귀한 사람이 되는 것도 아니다. 행동에 의해 천한 사람이 되기도 하고, 행동에 의해 귀한 사람이 되기도 한다.
> -《숫타니파타》

그렇다! 명리名利로 귀한 사람이 되는 것이 아니라 인격에 의해 귀한 사람이 되는 것이다. 권세와 돈을 믿고 사람을 함부로 대하면, 자신도 언젠가는 입장이 뒤바뀌어 업신여김을 당할 수도 있다. 이 세상, 그 어떤 것이든 영원한 법은 없기 때문이다(無常).

인생도 야구도
끝은 모르는 법

:

"인생도 야구도 끝나 봐야 안다"라는 말이 있다. 곧 야구는 9회말이 끝나봐야 안다는 것인데, 비단 야구경기만은 아닐 성싶다. 스포츠에 대해 잘은 모르지만, 간혹 국제대회가 있으면 경기를 지켜볼 때가 있다. 참으로 예측불허라고 보면 좋을 것 같다. 축구경기인 경우, 내내 부진해서 패배할 거라고 예상하고, TV를 꺼버릴 때가 있는데, 단 몇 분 만에 기적 같은 골이 나오기도 한다. 그러니 야구는 더 말할 것도 없으리라. 인간이 미래를 점칠 수 없기 때문에 "경기가 끝나봐야 안다", "길고 짧은 것은 대봐야 안다"는 등 여러 말들이 있는 것 같다. 그런데 스포츠만이 아니라 인생도 마찬가지이다.

몇 년 전 수도권 모대학에서 여학생이 실족사한 일이 발생했다. 대학생들이 개강파티에서 술을 마셨는데, 이들 중 한 여학생이 비틀거리며 옥상난간에 올라갔다가 큰일이 생겼다. 겨우 22살밖에 안 된 젊은이가 한순간의 실수로 저세상에 가버린 것이다. 그 친구는 학기가 시작되어 수강신청을 하고, 학우들을 오랜만에 만나 반가웠을 테고, 각종 자격증을 준비하며 미래를 계획했을 터인데… 한순간 명을 달리한 것이다. 고인이 아침에 엄마에게 인사하고 나오면서 미래를 알았을 것인가?

삶은 이렇게 인간의 꿈을 속이고, 미래를 배신한다. 장밋빛 미래만 있을 것 같은 젊은이를 죽음이 데려갔으니 과연 그 주체가 누구인가? 누구에게 하소연할 것인가? 인간은 한 치 앞도 모른다. 그런데도 우리 인간은 오만을 부린다. 중국 당나라 때, 선월 관휴 스님의 말씀 중에 이런 내용이 있다.

어떤 사람이 겉으로 보았을 때, 어리석은 것처럼 보일지라도, 절대 그를 바보취급 하지 말라. 그는 자신의 뛰어난 면모를 은밀히 감추고 있을지도 모른다.

스님 말씀에는 겉모습만으로 사람을 알 수 없으니 판단하지 말라는 뜻인데, 이외 또 다른 의미가 있다고 본다. 인간은 10년을 주기로 완전히 다른 사람으로 변한다. '저 학생, 미래의 비전이 없어 보여'라는 식으로 학생을 낮게 평가할 수도 있다. 하지만 그렇지 않다. 그 사람이 어떤 훌륭한 인물로 변화될지는 아무도 모르는 법이다. 그 반대의 이야기도 있다. 어릴 때 천재라고 칭송받던 사람이 훗날 주변인들의 기대치에 못 미치는 경우가 부지기수다.

이 세상에 결정된 법이란 있을 수 없다. 늘 변화하는 가변의 원칙만이 있을 뿐이다. 불교의 연기법으로 얘기하면, 모든 요소와 인자因子들이 잠시 모여서 인연과因緣果를 이루기 때문이다. 가난한 사람이 미래에 억만장자가 될 수도 있음이요, 떵떵거리는 부자가 어느 한순간에 노숙자도 될 수 있다. 자신의 지위를 이용해 주변인들에게 함부로 대했다가는 상대에게 아픔을 당할 수도 있다. 이것이 인생이다. 끝나 봐야 아는 법이다.

자! 그러니 당장 눈앞의 현실과 현상만으로
사람을 평가하지 말라.
또 현재 주어진 현실, 특히 행운보다는 불행에
좌절하지 말라.

야구도 인생도 끝나 봐야 안다고 하지 않는가!
미래를 점칠 수 없다는 말은
꿈을 가질 수 있다는 희망을 내포하고 있다.

번아웃과 재충전

:

"급한 길도 돌아서 가라"라는 우리나라 속담이 있다. 급한 마음을 달래고 천천히 돌아가라는 옛 조상들의 지혜로운 말씀이라고 생각한다. 급한 마음을 먹는 것도 일종의 욕심에서 비롯된다. 또한 여러 일을 한꺼번에 복합적으로 하는 경우, 분명히 실수가 따르기 마련이다. 더 많은 효과를 얻고자 하지만 오히려 역효과가 나는 것이 정한 이치이다.

욕심 부려 남들보다 더 많은 일을 함으로써 성취와 성공이 빨리 다가올 것 같지만 그렇지 못하다. 과유불급過猶不及이라고, 지나친 것은 모자란 것보다 못할 수 있다. 자신이 좋아하는 일이든 아니든, 지나치면 환멸에 빠질 수 있으며 극도의 피로에 빠질 수도 있다. 이 극도의 피로란 일반적으로 번아웃Burn Out 상태가 되는 것이다. 그런데 단순히 이 정도로 끝나지 않는다. 번아웃 상태가 돼버리면 우울감에 빠질 수도 있고, 건강에까지 문제가 발생한다. 성취코자 하는 일에 퇴보하게 되고, 거북이 걸음을 걷고 있던 친구보다 더 늦어질 수도 있다.

감자밭도 5년에 한 번씩 땅을 쉬어주어야 한다고 한다. 감자가 성장하면서 땅의 기운을 모두 섭취하기 때문에 땅도 잠깐 자양분을 재생성시킬 시간이 필요하다는 뜻이다. 감성이 없는 자연도 이렇게 쉼이 필요하건만 사람은 어떠하겠는가!

오래전에 인터넷에서 성공에 관한 기사를 읽었는데, 아인슈타인과 관련된 내용이라 유심히 읽었다. 아인슈타인의 상대성이론은 20세기에 학계에 영향을 주었을 뿐만 아니라 불교와도 연계를 지을 수 있는 부분이 있어서다.

제자들이 아인슈타인 교수에게 이런 질문을 하였다고 한다.

"교수님께서는 학문에서 어떻게 성공하셨는지요?"

그러자 아인슈타인이 칠판에 "S=X+Y+Z"라고 하는 문장을 쓰더니, 제자들에게 이렇게 부연설명을 하였다.

"S는 성공을 뜻하고, X는 최대한 말을 삼가는 일이며, Y는 지금 자신이 하고 있는 일이나 생활을 즐기는 것이고, Z는 자신만의 휴식시간이나 한가한 시간을 갖는 것입니다. 바로 이것이 나의 성공 비결입니다."

자신이 하고 있는 일에 만족하며 즐기는 것에 대해서는 필자도 글을 통해 자주 언급하는 내용이라 별다른 감흥이 없지만 세 번째 '자신만의 한가한 여유를 갖는 것'에는 깊이 공감하였다. 필자는 승려이지만, 원고 쓰는 일과 강의가 주된 일이다 보니 휴식 없는 날이 많기 때문이다. 그래서 아인슈타인의 이 글귀에 공감을 갖게 된 것 같다.

한국인은 OECD 국가 가운데 노동시간이 가장 긴 편이다. 물론 한국이 경제적으로 어려울 때, 장시간의 노동이 필요했지만, 지금은 그렇지 않은데도 일에 빠져 있다. 어떤 일에 있어서도 그렇지만 인생의 고비마다 쉼이 필요하다. 그 쉼이라는 휴식은 절대로 시간 낭비가 아니다. 쉼, 한가한 시간은 자신을 한 번쯤 돌이켜볼 여유가 됨이요, 마음과 육체의 재충전 시간이라고 생각한다. 더불어 그 다음 새로운 일을 기획하는 데도 큰 도움이 될 것이다.

높이 나는 새가
멀리 본다

:

　　　　　　대학에서 교양과목을 강의하는데, 이 강좌에
외국인 수강생이 많이 있다. 대부분이 중국인으로, 다른 나라 학
생들은 극소수였다. 이 강좌에 몽골 출신 여학생이 있는데, 이 학
생은 한국인과 인상이 비슷한 데다 첫눈에 봐도 야무지게 보였다.
이 친구는 입학한 지 1년도 채 되지 않는데, 한국어 실력이 매우
뛰어났다.
　　수업과제로 외국인에게는 자신 혹은 모국에 대해 소개하는 내
용을 부과하였다. 유학생들의 경우 대체로 가족을 소개하거나 자

신의 취미, 한국에 왜 유학을 왔는지에 대한 내용이 대부분이다. 그런데 앞에서 언급한 이 몽골학생의 과제는 다른 유학생들과 내용이 달랐다. 자신을 소개한 뒤 자신이 왜 한국에 유학을 왔는지에 대한 이유를 분명히 밝히고 있었다.

"저의 꿈은 '국제전문 무역회사'를 만드는 것입니다. 제 꿈이 허황되다고 들리겠지만, 저는 꿈이 얼마나 큰가에 따라 결과가 크게 달라질 거라고 생각합니다. 제가 '국제전문 무역회사'를 만들고 싶은 이유는 몽골은 아직 개발도상국이므로 이런 회사를 통해 몽골이 외국과 교류하게 하고, 회사를 유용하고 견고하게 만들어 나라를 위한 일을 하고 싶어서입니다. 이것이 제가 한국에 유학 온 이유입니다."

이 내용을 읽으면서 혀를 내둘렀다. 아직 대학 초년생인데 어떻게 그런 당찬 생각을 갖고 있을까 하는 의문이 들 정도였다. 우리나라 여학생들도 이 학생처럼 당찬 친구들이 많겠지만, 이 몽골학생만큼 자신의 포부와 꿈을 잘 갖춘 학생은 아직 만나보지 못했다.

이렇게 꿈과 연관된 것으로 오래전에 인터넷에서 읽은 기사가 생각났다. 일본인들이 많이 기르는 관상어 중에 '코이'라는 잉어가 있다고 한다. 그런데 이 잉어는 특이하게도 자신이 놓인 그릇의 크기에 따라 스스로 성장하는 폭이 달라진다는 것이다. 예를 들어 이

잉어를 작은 어항에 넣어두면 5~8cm밖에 자라지 못하지만, 아주 커다란 수족관이나 연못에 넣어두면 15~25cm까지 성장한다고 한다. 곧 자기가 숨 쉬고 활동하는 세계에 따라 조무래기가 될 수도 있지만 그 반대로 대어大魚도 될 수도 있다는 말이다.

어머니가 자식을 위해 3번이나 이사를 갔다는 맹모삼천지교의 고사처럼, 장소에 따라 그 사람의 꿈도 커지고 작아질 수 있다. 하지만 꿈의 크기는 공간보다도 그 사람의 마음크기에 따라 달라질 수 있다고 본다.

즉 어떤 환경에 처할지라도 정신적인 공간(마음자세)의 크기가 중요하다는 점이다. 아무리 어려운 환경에 처할지라도 꿈의 크기와 용량에 따라 미래는 달라질 수 있다고 생각한다. 비록 남루하고 누추하며 사람들로부터 손가락질 받을지라도 원대한 포부, 그 꿈을 갖고 있는 사람은 하늘이 저버리지 않을 것이다. 반드시….

진정한 겸애

:

　　우연히 중국 묵자墨子(B.C. 479년경~B.C. 381년경)의 사상을 읽게 되었다. 묵자는 유가의 인애仁愛를 부정하고, 차별이 없는 겸애兼愛를 중시하였다. 이기적인 사랑 대신 겸애를 주장함으로서 인간의 평등관계를 주장한 것이다. 묵자의 사상은 중국에서 거의 2,000여 년 동안 주목받지 못하다가 근래 들어 학자와 정치인들에 의해 드러나고 있다.

　　묵자는 정치인이나 상층계급이 민중을 다스리는 것을 부정하였다. 상층민이든 하층민이든 대등한 관계로서 공평해야만 존엄이

가능하며, 세상은 평등하기 때문에 근본적으로 질서를 만들어 상층계급을 존경하거나 두려워할 필요가 없다는 뜻이다.

묵자의 이 사상이 필자에게 와 닿은 것은 근래 들어 갑질을 행사하는 이들에게 경고가 된다고 생각되어서다. 시대착오적인 갑질논란이 끊임없이 발생하는 것은 왜일까? 묵자는 이미 2,000여 년 전에 평등을 내세웠건만 민주화된 시대에 특권층의 권리를 내세우는 이들은 두뇌에 무엇이 들어서 그럴까? 스님으로서 할 말은 아니지만, 봉건주의적 노예제도를 그대로 주장하는 이에게는 사회적·법적인 제재가 필요하다고 본다.

지금부터는 마음 따뜻한 이야기를 할까 한다. 중국의 유명한 역사학자요, 문화가인 위치우위余秋雨(1946~)의 글에서 발견한 내용이다. 위치우위는 상하이대학교 교수 출신으로 전 세계적인 작가이기도 하다.

수년 전, 상하이 박물관에서 청명상하도清明上河圖 진본을 전시하였는데, 위치우위는 그림을 보기 위해 그곳에 갔다. 참고로 청명상하도는 북송시대, 한림학사였던 장택단張擇端이 당시 수도였던 개봉開封의 청명절 풍경을 그린 그림을 말한다. 당시 도시의 상점, 서점, 여관 등이 배치되어 있어 송대의 사회상을 알 수 있는 그림으로도 유명하며, 미술작품 면에서도 큰 위치를 차지한다. 송대 이후,

원元·명明·청淸을 거치면서 수많은 모본摹本이 성행하였을 정도라고 하니, 중국인이 자랑하는 문화 가운데 하나라 할 것이다. 지금도 중국 국보급문물 가운데 하나일 정도라고 한다.

박물관에서 진본을 전시하자, 국내뿐만 아니라 해외에서도 수많은 사람들이 몰려와 연일 장사진을 이루었다. 작가 위치우위는 박물관 앞, 전시실에 들어가기 위해 긴 행렬에서 기다리고 있었다. 한참을 기다리고 있던 차, 길게 늘어진 줄 뒤쪽에서 구순을 넘은 노인과 말기암 환자 두 사람이 있다는 말이 돌았다. 박물관 측에서 그 이야기를 듣고 직원을 보내 그분들을 찾아 제일 먼저 입장토록 배려하였다.

그러나 그들은 박물관 측에서 제의한 특권(?)을 거절하였다. 위대한 문물을 보기 위해서 공손한 마음으로 한참을 줄 서는 일 또한 당연하다는 것이 그들의 거절이유다. 또 앞으로 살아갈 날이 얼마 남지 않았는데, 공손한 마음을 지닐 기회도 별로 없으니 이렇게 기다리는 것이 당연하다는 말도 덧붙였다고 한다.

앞의 이야기 하나로 중국인들이 다 공손하다고 말하려는 뜻은 절대 아니다. 어느 나라 사람이든 모범이 될 사람이라면 드러내는 것도 글 쓰는 사람의 사명이라고 보기 때문이다. 연령자라는 특권을 드러내지 않겠다는 구순의 노인, 암환자라는 이유로 특권을 누리지 않겠다는 그분들의 겸손과 공손함에 고개가 절로 숙여진다.

현 우리 사회에서, 나이를 내세우고 직위를 내세우며 외국인 노동자에게 민족주의를 내세우고, 오너라는 신분을 과시해 봉건적인 질서를 주장하는 이들이 얼마나 많은가?

이 글을 읽고 있는 독자는 2,300여 년 전 묵자의 겸애와 인간 평등이 왜 주목받는지 이해할 수 있을 것이다.

평정심을 가질 것

:

우리는 어릴 때, 공부할 때나 어떤 일을 배울 때 부모나 선생으로부터 집중하라는 말을 자주 들었다. 필자가 대입입시를 앞둔 당시, 어린 나이였지만 터득한 바가 있었다. 평소 공부도 물론 중요하지만, 시험을 볼 때는 최선을 다해서 그 문제에 집중했을 때 점수가 좋았다는 점이다. 그래서 아무리 위험에 처해도 정신만 차리면 된다는 말을 이해하게 되었고, 그것이 바로 집중력임을 실감했다.

이렇게 일상의 삶에서나 어떤 일을 성취코자 할 때, 일의 효율성을 높이기 위해 중요한 것이 집중력이다. 하지만 하는 일에 지나치게 집중하면, 언젠가는 지치게 되고 신체에도 피로가 쌓여 병이 생긴다.

필자는 명상을 지도하거나 강의할 때, 명상의 효율성을 설명하곤 한다. 바로 집중력이 필요한데, 앞에서 언급한 지나친 집중력과는 별개로 필요한 것이 있다. 즉 마음의 평온이나 편안함이 수반되어야 집중력이 생길 수 있다는 점이다.

즉 명상을 통해 집중력을 얻고자 한다면 심신이 이완된 상태가 되어야 한다. 몸은 이완되어야 하고, 마음은 평정심을 수반해야 한다. 물론 닭과 계란의 관계처럼 평온하니 집중력을 얻을 수 있는 것이요, 집중이 되니까 평온해지기도 한다.

우리나라의 경우는 다르지만, 외국에서는 운동선수들의 명상 관련 뉴스가 심심치 않게 보도된다. 어느 나라에서는 선수들이 국제대회에서 좋은 성적을 거두었는데, 바로 명상의 효과라는 보도가 있었다. 선수들은 바쁜 와중에도 둘러앉아서 촛불을 켜놓고 명상을 하는데, 바로 흔들림 없는 마음의 평정심을 얻을 수 있어서다.

국제대회에서는 경기 전에 선수들이 아무리 안정을 취하려고 해도 쉽게 평온해지지 않는다. 그래서 평정심과 집중력을 얻기 위해 명상을 하는 선수들이 있다. 그 대표주자가 미국의 마이클 조던Michael Jordan이다.

조던은 시카고불스에서 활약하던 시절, 필 잭슨 감독으로부터 명상을 배웠는데, 농구대에 볼을 넣을 때마다 발휘한 집중력은 그를 세기의 농구선수로 만들었다. 그래서 조던은 "명상은 마법 같은 경험"이라고 하였다. 또 미국의 골프선수 타이거 우즈Tiger Woods 역시 근자에는 성적이 저조하지만, 세기에 남을 만한 선수이다. 그는 어머니의 영향으로 어릴 때부터 명상을 하였다. 경기를 하기 전에는 명상이 늘 습관화되었는데, 명상을 통해 자신감을 얻었다고 하였다.

한편 우리나라의 박찬호는 미국 야구선수 시절, 잠자기 전에 늘 명상을 하였다. 그때가 20여 년 전인데, 그는 인종차별과도 힘겹게 싸워야 했기 때문에 무엇보다도 마음의 평온이 필요했다고 한다. 그는 선수로 생활할 때 방송인터뷰 중 이런 말을 하였다.

"명상을 통해 경기에 이기고 지는 것에 대해 조금은 초월할 수 있었습니다. 명상이 없었으면 저는 이 세상에 없을 수도 있어요."

우리에게도 평정심이 무엇보다 중요하다. 단단한 운동선수처럼 '게임에서 이겨도 좋고 져도 괜찮다'라는 식의 배짱과 감정에 흔들림 없는 자세를 지녀보는 건 어떨까?

그대와 나,
참 좋은 인연입니다

초판 1쇄 발행 2017년 12월 26일

지은이 정운

펴낸이 오세룡
기획·편집 이연희 정선경 박성화 손미숙 손수경
취재·기획 최은영
디자인 강진영 (gang120@naver.com)
　　　　　고혜정 김효선 장혜정
홍보·마케팅 이주하

펴낸곳 담앤북스
　　　　서울시 종로구 사직로8길 34(내수동) 경희궁의 아침 3단지 926호
　　　　대표전화 02)765-1251   전송 02)764-1251   전자우편 damnbooks@hanmail.net
　　　　출판등록 제300-2011-115호

ISBN 979-11-6201-020-4 (03220)

이 책은 저작권 법에 따라 보호받는 저작물이므로 무단전재와 복제를 금합니다.
이 책 내용의 전부 또는 일부를 이용하려면 반드시 저작권자와 담앤북스의 서면 동의를 받아야 합니다.
이 도서의 국립중앙도서관 출판예정도서목록(CIP)은 서지정보유통지원시스템 홈페이지(http://seoji.nl.go.kr)와 국가자료공동목록시스템(http://www.nl.go.kr/kolisnet)에서이용하실 수 있습니다. (CIP제어번호 : CIP2017032620)

정가 16,000원